赵楠楠 著

武警警械武器使用权的法律规制研究

WUJING JINGXIE WUQI SHIYONGQUAN DE
FALÜ GUIZHI YANJIU

中国政法大学出版社

2020·北京

声　　明　　1. 版权所有，侵权必究。

　　　　　　 2. 如有缺页、倒装问题，由出版社负责退换。

图书在版编目（ＣＩＰ）数据

　　武警警械武器使用权的法律规制研究/赵楠楠著. —北京:中国政法大学出版社, 2020.7
　　ISBN 978-7-5620-8122-7

　　Ⅰ.①武… Ⅱ.①赵… Ⅲ.①武装警察－武器－警察法－研究－中国 Ⅳ.①D922.144

　　中国版本图书馆 CIP 数据核字(2020)第 120091 号

出 版 者	中国政法大学出版社	
地　　址	北京市海淀区西土城路 25 号	
邮寄地址	北京 100088 信箱 8034 分箱　邮编 100088	
网　　址	http://www.cuplpress.com（网络实名：中国政法大学出版社）	
电　　话	010-58908586(编辑部) 58908334(邮购部)	
编辑邮箱	zhengfadch@126.com	
承　　印	固安华明印业有限公司	
开　　本	880mm×1230mm　1/32	
印　　张	8.75	
字　　数	210 千字	
版　　次	2020 年 7 月第 1 版	
印　　次	2020 年 7 月第 1 次印刷	
定　　价	49.00 元	

本书涉及的规范性文件全简称对照表

全称	简称
中华人民共和国宪法	宪法
中华人民共和国国防法	国防法
中华人民共和国人民武装警察法	人民武装警察法
中华人民共和国人民警察使用警械和武器条例	人民警察使用警械和武器条例
中华人民共和国人民警察法	人民警察法
中华人民共和国监狱法	监狱法
中华人民共和国看守所条例	看守所条例
中华人民共和国戒严法	戒严法
中华人民共和国集会游行示威法	集会游行示威法
中华人民共和国集会游行示威实施条例	集会游行示威实施条例
中华人民共和国反恐怖主义法	反恐怖主义法
中华人民共和国刑法	刑法
中华人民共和国枪支管理法	枪支管理法
中华人民共和国立法法	立法法
中华人民共和国侵权责任法	侵权责任法
中国人民解放军纪律条令（试行）	纪律条令

续表

全称	简称
中华人民共和国国家赔偿法	国家赔偿法
中华人民共和国军事设施保护法	军事设施保护法
中国人民解放军内务条令	内务条令
中国人民解放军防暴条令	防暴条令
中华人民共和国突发事件应对法	突发事件应对法
中华人民共和国治安管理处罚法	治安管理处罚法

前 言
PREFACE

在我国,武装警察警械武器使用权的立法还存在一些需要完善的地方,实体法律规定还需进一步系统化,程序法律规定还需增强可操作性,法律责任制度也需要进一步完善。这就导致了人民武装警察在执行任务中使用警械武器权时不好判断,有可能造成武器使用不当或者滥用武器的现象,给公民基本权利和法律秩序带来了危害。本书围绕武警警械武器使用权的相关内容展开,从现有实体法律规制到现有的程序法律规制,指出了需要完善的问题,还为下一步的实体法规制和程序法规制的完善提出了自己的见解。目前关于"武警警械武器使用权的法律规制研究"方面的探讨并不是很多,本书填补了这一领域的空白,但是其理论还需要经过实践的检验。希望广大的读者、武警官兵和法学专家,在阅读《武警警械武器使用权的法律规制研究》这部抛砖引玉之作时,多提宝贵意见。

赵楠楠

2020 年 5 月

目录 Contents

前言 …………………………………………………………… 1

导论 …………………………………………………………… 1

第一章 武警警械武器使用权概述 …………………………… 7
  第一节 武警警械武器使用权的概念和必要性 …………… 7
  第二节 武警使用警械武器的法律依据 …………………… 13
  第三节 武警警械武器使用权的权力属性 ………………… 16
  第四节 武警使用警械武器应遵循的基本原则 …………… 25

第二章 武警警械武器使用权的实体法律规制 ……………… 33
  第一节 现行的法律规范 …………………………………… 33
  第二节 现行法律规范存在的问题 ………………………… 36
  第三节 实体法律规范的完善 ……………………………… 39

第三章 武警警械武器使用权的程序法律规制 ……………… 45
  第一节 现行警械武器使用权的程序规定 ………………… 45
  第二节 现行程序法规范存在的问题 ……………………… 50

第三节 程序法律规范的完善 ………………………………… 53

第四章 武警违法使用警械武器的法律责任 …………… 60
第一节 现行的法律责任规定 ………………………………… 60
第二节 现行法律责任规定存在的问题 ……………………… 65
第三节 武警使用警械武器的法律责任规范的完善 ………… 68

第五章 武警遂行任务的警械武器运用 …………………… 71
第一节 执勤任务中武警警械武器的运用 …………………… 71
第二节 武警处置群体事件中警械武器的运用 ……………… 75
第三节 处置暴乱骚乱武警警械武器的运用 ………………… 80
第四节 反恐任务中武警警械武器的运用 …………………… 86

第六章 外国警械武器使用权的规定 ……………………… 93
第一节 美国 …………………………………………………… 93
第二节 德国 …………………………………………………… 97
第三节 俄罗斯 ………………………………………………… 99
第四节 其他国家借鉴经验 …………………………………… 102

第七章 武警使用警械武器实证研究 ……………………… 106
案例一：防卫过当案 …………………………………………… 106
案例二：涂某合案 ……………………………………………… 108
案例三：昆明火车站暴恐事件 ………………………………… 112
案例四：持枪杀人案 …………………………………………… 115
案例五：和田"3·23"非法聚集事件 ………………………… 116
案例六：暴恐事件 ……………………………………………… 118

案例七：暴力冲监袭警事件 ……………………………… 119
案例八：凶杀和挟持人质案件 …………………………… 121
案例九：朔州铲车案 ………………………………………… 123
案例十：群体性事件 ………………………………………… 126
案例十一：暴乱骚乱事件 …………………………………… 129
案例十二：长矛事件 ………………………………………… 132

结　语 …………………………………………………………… 134
参考文献 ……………………………………………………… 135
附　录 ………………………………………………………… 139

导 论

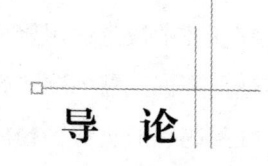

一、选题背景与研究意义

武警部队如何正确依法执法，正确行使武警职权，是建设法治国家、规范权力运行必须解决的重要问题。本书以武警警械武器使用权问题为选题。武警使用警械武器权是《人民武装警察法》赋予武警部队的一项重要职权。从遂行各项任务的角度来看，武警在担负地面反劫机和处置大规模恐怖事件等重要任务时，需要大量使用警械武器，而这种具体的使用过程是否有明确的法律依据，关系到使用警械武器的武警官兵的人身安全，关系到武警部队能否顺利完成任务，更关系到国家的安全稳定。所以对该问题的研究，无论是在现实上，还是在紧迫性上，都显得十分重要。

二、国内外研究现状述评

武警遂行任务时警械武器使用权研究至少应当包括以下内容：武警警械武器使用权的概念及其特点、武警警械武器使用权的性质问题、武警警械武器使用权的行使、武警遂行武装巡逻任务中使用警械武器问题研究、武警遂行看押、看守任务中依法使用警械武器研究、武警遂行突发事件中依法使用警械武器问题研究、武警警械武器使用权导致的法律责任问题、防止武警警械武器使用权的滥用和渎职的措施问题、完善安全保卫任务时警械武器使用权的法律制度等。在使用警械武器问题的研究上，国内外的研究表现出两种截然不同的态势，相较国外，国内的研究相对薄弱。国内已有的相关专著主要集中于武警执行安保任务时职权运用研究问题上，如李可人、李海军的《武警法实施研究》；欧阳华、李可人的《处置突发事件应对法学》；周健、钱蘅的《武警法学》等学术图书中都在部分章节用一定篇幅阐述了武警在执行安保任务时使用警械武器问题。尤其是李可人、李海军的《武警法实施研究》将警械武器使用权放到任务中去研究，很有见地。但该书对警械武器使用权如何区别情况对待，还研究得不深，对程序法方面的关注不够，对武警行使正当防卫权与行使警械武器使用权的关系也没有进行分析。因此，限于选题，大多数著作对武警在执行安保任务时使用警械武器问题的研究也较为有限，并没有深入到具体的法律运用和程序法上的问题。武警是我国一支特殊的武装力量，长期以来在维护国家安全、社会稳定方面发挥了重要作用，是处置国内各种突发事件，打击恐怖主义活动的重要突击力量。国外也有此类组织，但由于国情不同，称谓不同。有些国家称为宪兵，有些国家称为军事警察。每个国家警械武器使用权的规定各有不同，如美国宪兵就有使用武器的无限防卫权，法国宪兵部队拥有一定数量的装甲部队和杀伤性武器。我国的制度与俄罗斯的内卫部队的警械武器使用权较为相似。在正当防卫制度上俄罗斯的规定有值得借鉴的地方。但是纵观各国内卫部队警械武器使用权的内容和规定都不够有实际操作的价值。可能我国从各国警察警械武器权的角度来借鉴，更有实际的指导意义。

三、研究内容与思路

警械武器作为法律赋予武警部队打击违法犯罪的一种强力手段，在武警部队圆满完成多样化军事任务的过程中发挥着重要作用。随着使用警械武器情况的增多，越来越多的法律问题开始在其使用的过程中凸显。本书从法律的角度入手，分析武警部队使用警械武器过程中存在的法律问题，提出相应的解决对策，对警械武器在武警部队执行任务时如何更好地保障任务完成进行探讨。同时，本书也站在如何保障公民、法人和其他组织的合法权益不被侵犯的立场，对如何保证武警正确履行国家公权力，在违规或滥用职权后，应当受到什么法律处罚，进行了深入探讨。从立法方面看我国不同层次和方面的法律都有涉及武装警察器械武器使用的相关规定，但是这些规定大多较为原则化，内容不够全面，而且往往没有提及相关责任和权利救济方面的内容，故而对于实践的指导效果不强，甚至常常导致武警在日常执行任务的过程中，缺乏法律依据，从而导致其使用警械武器的时候出现不当或者滥用，给公民权利造成较大威胁，同时也会损害武警自身的形象。武警部队在遂行安全保卫任务中依法使用警械武器，是有效防范袭击和震慑犯罪分子或者暴恐分子的强力手段。要依照《人民武装警察法》《人民警察使用警械和武器条例》等法律法规，有效解决使用警械武器中的困惑和疑虑，做到定性准确快速，该出手时坚决果断；严格动用程序，该请示时严禁武断；严控使用范围，该慎用时不可强制。武装警察警械武器使用法律依据主要是《人民武装警察法》第22条的相关规定。依据《人民武装警察法》的该援引性条文，武警在执行任务过程中，如果需要适用警械武器，其参考的相关法律条文规定同普通警察一样。人民警察使用警械武器的依据主要是《人民警察法》《人民警察使用警械和武器条例》以及最高人民法院、最高人民检察院、公安部、国家安全部、司法部联合颁布的《关于人民警察执行职务中实行正当防卫的具体规定》。然而，基于武警部队性质的特殊性（不同于普通警察），无论从执行任务时的指挥机制、警械武器的种类、使用警械武器的自由裁量主体还是最后的归责机制，都和普通警察的情况不相同，从实践运用方面看由于自由裁量主体不一致也会产生很多问题，比如在指挥机制和自由裁量方面，根据《人民警察法》赋予的权力，警察是接受专门训练的，使用警械武器时一般依个人判断行事。然而，武警部队使用警械武器，在具体的任务分工上，却有明显区别。武警部队主要是由士兵听从命令操作使用，由武警现场最高指挥员进行自由裁量，单个士兵自由裁量的机会很少。还有法律责任归属不明确。目前，武警部队是按照上级的指挥执行任务的，对警械武器使用是按照上级命令或紧急情况时的自由裁量权行使的，并没有专门的法律法规进行规制，出现事故后，该追究谁的责任并不明确。很难完全照搬后者依据的法律法规。

现行机制是谁作出的命令谁承担责任，或谁自由裁量错误谁承担责任。但在职责权限处于混乱的状态下，要确定是谁发出的命令，谁承担主要责任，谁承担次要责任，可以说是非常难的，这些都是亟需解决的问题。还有一个问题是法定使用情形无法全覆盖。目前，武警部队所配备的警械武器比普通警察多，而且相当一部分是非致命性武器。《人民警察使用警械和武器条例》中只列举了驱逐性、制服性警械、约束性警械以及武器的法定使用情形，其中，可以使用武器的法定情形针对的是致命性武器（主要是枪支、弹药），这些程序性规定不能满足武警部队依法使用警械武器的所有状况。

四、研究目的与研究方法

武警在遂行各类任务中，使用警械和武器，要坚持慎重、依法和有分寸运用的原则，坚持使用目的是为了制止违法犯罪行为，最大限度地避免人员伤亡和财产损失。使用过程中，要遵循使用的法定程序，赋予现场指挥员临机处置权，正确处理依法行动与依令行动的关系。研究如何依法使用武器，及时有效制止违法犯罪行为，维护武警官兵自身安全，是我们必须解决的一个重要课题。对依法使用警械武器的基本原则、合法情形与法定程序以及违法使用武器的法律责任着手分析，做到坚决打击犯罪活动的同时，又有效地保障人权，提高武警的执法水平。

本书将采用案例研究法：将武警部队和公安机关近年的涉枪案件进行分析研究，找出存在问题的共性，进行分析。从而得出一些武警部队执勤中需要遵守的使用警械武器的相关注意事项。同时，本书将采用理论分析法：对武警部队在执行安全保卫任务时使用警械武器的立法目的、法理依据、法律制定存在的问题，破解因立法原因导致的部队不敢用、不会用警械武器的难题。比较分析法：通过阅读大量资料，了解警察在使用警械武器时，存在的困惑及其破解的方法，学习其先进的理念和方法。文献分析法：通过于阅读了解国外警察在使用警械武器时的文献，借鉴其有价值的内容。

第一章
武警警械武器使用权概述

武装警察由于所担负任务的复杂性和特殊性，尤其是在武警部队处置暴力性突发事件、反恐怖作战时，如果只简单按照普通警察使用警械和武器的规定来办，现实中很难奏效。武警部队与其他使用主体的不同之处是我们需要探讨的。

第一节 武警警械武器使用权的概念和必要性

一、武警警械武器使用权的概念和范围

武警警械武器使用权是指武警在依法履行国家赋予的安全保卫任务和其他各项任务过程中，为了及时对违法犯罪行为进行有效制止，从而维护社会安全与稳定，保障公民人身权利和财产权利，保护公共财产安全，按照法律赋予的权限，依法使用自身配备的各种警械和武器的权力。准确理解这个概念，我们应该把握以下几个方面：

（一）使用警械武器的主体应当合法

根据《人民武装警察法》《人民警察法》《人民警察使用

警械和武器条例》的规定，使用警械武器的合法主体，是指为了有效制止违法犯罪行为，维护公共安全和社会秩序，保护人民生命财产安全，保护公共财产而依法履行职务的公安机关的人民警察、国家安全机关的人民警察，依法执行国家安全保卫任务的人民武装警察。武警部队在执行执勤、处置突发事件、反恐怖和协同解放军防卫作战等任务过程中是使用警械武器的合法主体。

（二）使用警械和武器的前提是执行任务的需要

武警部队与公安机关共同担负着保卫国家安全维护社会秩序的职责，但是武警部队的性质具有军事性。武警部队是国家安全武装力量的重要组成部分，进行军事训练实施军事斗争，所配备使用的警械和武器与公安机关不同，公安机关属于行政机关，主要是依据行政职权运用侦查、逮捕、预审以及犯罪预防，强制措施等非刑罚活动还有大量的行政管理活动。武警部队在遂行各项任务时，需要行使各项职权，而在众多项职权中，使用警械武器权是一项强度最大的职权。

（三）警械和武器按照国家规定配备

武警部队受中央军委统一领导。武警部队是国家武装力量的重要组成部分，其职能与一般的警察不同，因而其在履行国家赋予的安全保卫职能、反恐和处突职能时所使用的警械和武器，都要符合我国的法律规定。

二、武警部队的法律性质和地位

我们需要了解武警部队的性质和地位，才能对武警部队使用警械武器的职权和性质有一个深入的理解，从而对武警警械武器使用权的法律规定有一个框架性的认识。

（一）武警部队的法律性质

对于武警部队的性质有不少争议，有人说它是部队的身份干着警察的活。武警部队的领导体制是中央军委统一领导，体制序列都是按部队的建制设立的。按照"军是军、警是警、民是民"的原则，调整后的武警部队根本职能属性没有发生变化，不列入人民解放军序列，但它是国家武装力量的重要组成部分。调整武警部队指挥管理体制，优化力量结构和部队编制，实现领导管理与高效指挥的有机统一，同时，武警部队调整了职能任务，按照党中央和中央军委赋予的新时代使命任务，武警部队将主要担负执勤、处突、反恐怖、海上维权、抢险救援、防卫作战等任务，拓展了维护国家领土主权完整和国家安全职能。武警部队的性质是国家军事力量的组成部分，承担军事职能，而它也享有一定的行政职权，可以说是一个行使特殊职权的国家机关，而警察享有国家行政职权，是一个典型的国家行政机关。在世界各国都有这样的现象。比如，目前世界上通行的三种存在方式：一是警察。二是武警这样的一个机构，属于军队但是职能和任务方面与军队还是有一定的差别，我们可以认为他是一类特殊的军队。比如法国的宪兵。三是军队。它们的名称可能有所差异，但它们执行的任务大同小异，比如美国的国民警卫队就和我国的武警很相似，只是名称不一样，但它们执行的任务相似。公安机关主要是一个国家行政机关，所从事的行为是行政管理行为，而武警部队的性质是武装力量，属于国家三支武装力量中的一支，从这个角度可以说它是一个军事机关。但是它又行使了一定范围内的行政职权，比如查验权、交通临时管制权等行政职能。从本质上来看，武警是一个军事机关。世界上其实有很多类似像我国武警部队这样的一些机构，比如说像法国的宪兵部队，日本、俄罗斯都有相应的这样的机构。其实他们从事的任务也就是根据各个国家需要而有所不同。只是名称上的叫法不一样而已。军队则是国家武装力量中的一个重要部分，它首要职能是对外作战，在担负这样一个任务的同时，它还有一个很重要的任务就是社会面的控制。如社会变得动荡不安，出现大范围的暴乱、骚乱，公安机关无法处理时，只有在这样一个情况紧急的时候，武装力量才有必要介入。武警部队除了承担一定的军事职能，也承担着和维持社会面安全稳定的职能。所以这几个机关在职能任务上既有差异，也有一定的重叠。

（二）武警部队的法律地位

武警部队是国家武装力量的重要组成部分。武警部队爱人民，武警部队为人民。人民生命财产安全是人民生存和发展的前提条件。安全也是百姓在社会生活中一个重要的需求，特别是在基本的温饱问题解决后，安全指标是关系和衡量民生的最为重要的因素之一。对于国家来说，给百姓充分的安全感，让百姓能够在一个国家里安居乐业，国家的快速稳定发展才能够实现，而武警部队的任务，也就是要满足百姓对于安全的需求，从而最终维护社会稳定与国家安全。人民武

第一章 武警警械武器使用权概述

装警察使用警械武器的性质就是行使职权。《中国人民武装警察部队军语（试行本）》对"武警职权"词条的解释是："国家赋予武警部队执行安全保卫任务时的职责和权限。是国家强制力和支配力在法律上的表现。主要包括武警军事职权、武警行政职权和武警刑事职权。"该书将武警职权限定为武警部队执行安全保卫任务时的职责和权限。职权是职责和权限的统一，有一类职责就应有一类相应的权限。因此，除了执行安全保卫任务的权限之外，武警部队还应当有与后方防卫作战、抢险救灾和海上维权执法的权限。但是这四类职责存在地位差异，执行安全保卫任务是武警部队的主业，是中心任务，每天都在履行的是这一类职责。由于武警部队除安全保卫任务之外的三项任务并非武警部队所特有，与这些任务相匹配的权力国家法律法规有相关规定，并不属于武警部队的专有权力，当武警部队履行这三项任务时，其实质是在行使与这些任务原配的权限。只有武警安全保卫职权才是武警部队执行其专有职责——安全保卫任务时的配套权限。按照职权作用的任务内容划分，武警职权可以分为安全保卫职权、抢险救灾职权、海上维权执法、防卫作战职权。按照职权的强制性程度划分，武警职权可以分为约束职权和非约束性职权。按照职权作用的对象划分，武警职权可以分为对人的职权、对物的职权和对行为的职权。

三、武警部队使用警械武器的必要性

当前，武警部队职能使命不断拓展，任务样式不断增多。

执勤、处突等常规勤务日益繁重，反恐核心区武力突击、海上维权执法、后方防卫作战等新的任务十分艰巨；担负国际救援、联合反恐、跨国警卫等任务日趋增多，在完成任务时，有时候会受到恐怖分子的威胁，他们也可能携带武器。为了确保其任务的完成，保卫人民生命财产安全和社会稳定，其使用警械武器既可以保证其自身的生命财产安全，也可以强有力地打击违法犯罪。武警部队依据的是人民解放军或者公安机关关于使用警械和武器的法律规范，但这些法律规定并不能满足武警部队执行任务的需要。对解放军而言，他的主要职责是保卫国家主权和领土完整，抵御外来侵略。而他主要配备的是杀伤性武器，使用的机会也很少，故而有关武器装备的使用规范基本针对战争状态下使用以及和平期间和平时训练中的武器装备的使用。其法律依据主要是《防暴条令》，解放军内部，军事命令就具有军事法律的效力，使用武器装备必须严格按照上级命令行使，战场上也不例外。所以从某种意义上来说，解放军依命令使用武器装备，实行的是命令-服从模式。而武警部队在承担安全保卫任务时，主要是以执勤、处突、反恐怖事件为主，其在使用警械武器时候就要根据实际情况进行区分，区分杀伤性和非杀伤性武器，使用警械和武器的场合要比解放军多很多，而且很多事件都是突发事件，无法等待上级明确的使用命令。而公安机关的主要任务是社会面的犯罪打击问题，要使用武器时要求一次到位。其武器配置单一，武器的杀伤力方面不如解放军和武警，其法律依据主要是《人民警察使用警械和武器条例》。

由于该条例规定得过于笼统，一些条款已不能满足实战中警察的任务需求，正面临着修改。而武警的法律规定还沿用人民警察的法律规定，由于主体的性质不一样，任务范围不一样，加之这部法律也有滞后性，所以，笔者建议武警应当单独制定适合自己职能任务特点的使用警械武器的相关法律规定。关于武警部队的警械武器使用权长期以来一直沿用1996年颁布的《人民警察使用警械和武器条例》。该条例第16条规定武警在使用警械和武器的时候，遵循本条例的相关规定。日常情况下，武警自己内部也制定了一些相关规定，而相关规定在警械武器使用方面也可以以此为标准进行细化。除此之外，《监狱法》《看守所条例》也作了一些规定。

第二节　武警使用警械武器的法律依据

武警部队使用警械和武器的法律依据，是指其必须遵守的有立法权的国家机关制定和颁布的规范性文件。根据立法机关和法律效力的不同，规范性文件主要有以下几类：

一、宪法

宪法是国家的根本大法，《宪法》第29条规定了武装力量的来源和存在的目的，是为了保卫祖国安全和为人民服务。宪法是国家一切法律的立法依据，因此武警作为国家武装力量受宪法的约束，武警在使用警械武器时，必须以宪法为根本准则。

二、其他法律

(一) 国防法

《国防法》第 22 条规定了我国武装力量的类型,以及其接受什么部门的领导,并在有关部门领导下执行什么样的任务。上述规定进一步确定了武装警察部队的性质和任务,也提出了执行安全保卫任务,而在执行任务时,又会使用到警械和武器。

(二) 戒严法

《戒严法》第 8 条明确规定,戒严任务由人民警察和人民武装警察执行。必要时也可以向中央军委提出由人民解放军协助执行戒严任务。该法第 28 条规定出现下面六种情况时武警可以使用警械武器:(1) 公民或者戒严执勤人员的生命安全受到暴力危害时;(2) 拘留、逮捕、押解人犯,遇有暴力抗拒、行凶或者脱逃时;(3) 遇暴力抢夺武器、弹药时;(4) 警卫的重要对象、目标受到暴力袭击,或者有受到暴力袭击的紧迫危险时;(5) 在执行消防、抢险、救护作业以及其他重大紧急任务中,受到严重暴力阻挠时;(6) 法律、行政法规规定可以使用枪支等武器的其他情形。

(三) 监狱法

《监狱法》第 41 条规定,监狱的武装警戒由武警部队负责,该法的第 45、46 条对人民武装警察部队执勤人员在执勤中使用警械和武器的情形做了明文规定。《监狱法》第 45 条规定,监狱遇有下列情形之一的,可以使用戒具:(1) 罪犯有脱逃行为的；(2) 罪犯有使用暴力行为的；(3) 罪犯正在押解途中的；(4) 罪犯有其他危险行为需要采取防范措施的。《监狱法》第46条规定，人民警察和人民武装警察部队的执勤人员遇有下列情形之一，非使用武器不能制止的，按照国家有关规定，可以使用武器：(1) 罪犯聚众骚乱、暴乱的；(2) 罪犯脱逃或者拒捕的；(3) 罪犯持有凶器或者其他危险物，正在行凶或者破坏，危及他人生命、财产安全的；(4) 劫夺罪犯的；(5) 罪犯抢夺武器的。

（四）人民武装警察法

《人民武装警察法》第4条规定了武警部队承担的"六项任务"。该法第22条规定："人民武装警察执行执勤、处置突发社会安全事件、防范和处置恐怖活动任务使用警械和武器，依照人民警察使用警械和武器的规定以及其他有关法律、法规的规定执行。"该法第29条第2项规定人民武装警察不得违反规定使用警械、武器。该法第43条规定："人民武装警察在执行任务中不履行职责，或者有本法第二十九条所列行为之一的，按照中央军事委员会的有关规定给予处分。"而《戒严法》《人民警察法》《人民警察使用警械和武器条例》分别就人民警察使用警械武器的原则、条件、程序等作出了严格具体的规范。上面所整理的法律构成了武警实际任务执行中使用警械武器的法律依据。

三、法规

《人民警察使用警械和武器条例》规定了警察使用警械

武器的具体内容，它是主要依据《人民警察法》制定的。事实上，《人民警察使用警械和武器条例》是《人民警察法》的配套法规之一，它所规定的内容，就是涉及后者所提到的警察如何规范地对警械武器进行使用，如果违法使用警械武器，警察如何承担责任。比如，该条例规定了警察在执行职务行为打击犯罪的时候，可以使用警械武器，或者在需要及时制止严重的危险，防止严重危害后果出现的时候，也可以使用警械武器。以上情形出现后，警察使用警械武器要依据相关条例的规定进行，注意使用的方式和限度。

四、军事规章

武警部队有关法律明确规定，执勤人员为了完成执勤任务，及时有效地制止违法犯罪行为，必要时，可以依法执行《人民警察使用警械和武器条例》的相关规定。这些都为武警部队使用警械和武器提供了重要的军事行政规章依据。

第三节 武警警械武器使用权的权力属性

围绕武警警械武器使用权的权力属性一直有很多的争议，武警部队的指挥领导体制从过去的国务院和中央军委双重领导体制，转变为由中央军委统一领导体制。领导体制的重大转变，给武警部队带来很大的变化，武警部队从过去似警似军的双重角色到军人的单一角色，但安全保卫任务里依旧有很多的类似的行政职能。基于这些重大变化都给武警权力的属性带来了新的思考和重构。

一、武警警械武器使用权的权力的来源

（一）法令行为

法令行为是指武警官兵依据国家的法律或者规章或者根据上级的指令，所实施的行为。这些行为看似有违反国家法律的禁止的类似行为，如对他人身自由的短暂限制甚至对他人生命权的剥夺，但基于是为了保护国家的权益或者他人的合法权益，法律不认为是犯罪，不需要执法者承担相应的法律责任。如果将依法令之行为界定为，既包括直接援引成文法令之行为，也包括执行上级职务命令之行为，那么警察使用武器无疑属于依法令之行为；如果将依法令之行为仅界定为依据成文法令的行为，那么至少部分警察使用武器的行为应当属于执行职务之行为。[1] 依据刑法上的正当行为的理论，违法有责性要求违法行为要有法律的非难可能性，武警官兵使用警械武器是为了合法的原因，所以虽然有危害后果，但是因为行为没有有责性，所以不受法律追究。

（二）正当防卫行为

我国《刑法》第20条第1款规定："为了使国家、公共利益、本人或者他人的人身、财产和其他权利免受正在进行的不法侵害，而采取的制止不法侵害的行为，对不法侵害人

---

[1] 厉文华："警察武器使用权的刑法规制"，烟台大学2007年硕士学位论文。

造成损害的，属于正当防卫，不负刑事责任。"刑法的正当防卫理论并没有把军人或者警察执行职务的行为在遇到危险的情况下，写入正当防卫制度，但可以从正当防卫制度立法目的推测出来军人在执行任务中可以使用正当防卫制度。正当防卫是指为了国家、公共利益本人和他人的人身、财产和其他权利免受不法侵害，武警官兵是为了维护社会公共利益的目的在执行职务过程中，对违反犯罪行为的实施防卫行为可以认为是正当防卫。最高人民法院、最高人民检察院、公安部、国家安全部、司法部《关于人民警察执行职务中实行正当防卫的具体规定》，将警察使用武器作为刑法典规定的正当防卫制度的一种类型。依此，警察使用武器可以通过正当防卫排除其社会危害性。可见，我国刑法实际上采用了一种较为灵活的策略，即可以通过正当防卫建构警察使用武器的合法性。国外也有类似的制度，俄罗斯联邦刑事法律就有民警在执行任务中关于正当防卫和紧急避险制度都可适用的规定。

（三）免责行为

如果从行政法的角度看，行政法上的职务行为通常是指国家机关或工作人员行使职务上的权力（职权）所进行的活动。如，卫生部门的工作人员检查卫生、警察执勤、税务人员收税、法官审理案件等都属于行使职权的活动。[1] 笔者认

---

〔1〕 许安标："一部建设高素质公务员队伍的重要法律"，载《中国人大》2005年第10期。

为武警部队执法行为也是依据国家赋予的执行职务的行为,而从事该行为造成的损害后果,也应由国家承担。

二、武警警械武器使用权的权力基础

武警警械武器使用权的基础是武警军事行政权,武警警械武器使用权在军事权和行政权之间一直有一种模糊不清的界限。笔者认为它的权利来源于武警权。这是一种兼具军事权和行政权的一类权力,由武警部队这个特殊主体作出,权力来源于国家权力。国家给予武警部队一定的职权,代表国家行使社会管理的权力,而国家的权力来源于人民的赋权。

三、武警警械武器使用职权的特征

(一)法定性

武警部队警械武器使用权是法律规定的。《人民武装警察法》赋予武警部队享有十项职权。十项职权包括:警戒区域验证权、武装巡逻查验权、协助执行交通管制和现场管制权、驱散权、控制权、优先通行权、征用权、搜查权、侦查权、警械武器使用权。

(二)暴力性

武警警械武器使用权最大的特征是暴力性。警械武器使用权是国家授权国家机关或者军事机关实施的具有暴力打击性质的职权,来维护社会稳定。这种暴力性可能导致对他人生命权的威胁或剥夺,但是出于维护公共利益的和不特定多数人安全的需要,国家允许有关机关行使暴力打击权来维护社会的稳定。

（三）程序性

武警行使警械武器使用权是有严格的程序性要求的。比如口头警告、击中身体的次要部分等都体现了武警使用警械程序性的要求。法律规定里有程序正义保障实体公正，只有遵循严格的程序要求，才能保证武警警械武器使用权行使的恰当、合理、合法。

四、武警警械武器使用职权的性质

武警警械武器使用职权的性质在学术界有很多的争议，有学者从主体性质的角度认为他是军人，所以军事主体从事的军事行为，当然地就认为武警使用警械武器是军事权的属性。还有的学者认为，武警所承担的安全保卫的任务中，很大一部分承担社会公共安全的管理职能，从职权的属性上这是行政权，所以认为武警使用警械武器权是行政权。笔者认为既不能单一地只看到武警部队的军事属性，而忽略了它在执行任务本身具有的行政属性，同时也不能只看到它是军事主体，但忽略了它与解放军执行任务的差异性。武警使用警械武器使用职权的性质，是兼具军事性和行政性的一种职权，可以称为武警军事行政权，武警在执行安全保卫任务时使用警械武器，可以是一种偏行政性的特殊军事行政权，这体现了武警的执法对象更多是面对个人或者一小部分群体作出的。比如看押看守勤务中，逃犯逃狱的情形。武警官兵使用警械防止犯人逃跑的行为，是司法权中的暴力打击行为。军事主体行使了一个司法行为。而在执行反恐或战时等突发性事件时候，武警使用警械武器可以认为是军事权。武警作为国家武装力量的重要组成部分，所享有的军事主体关于军事方面的权力，军事权更多的是对针对的外来侵略作出的，面对的对象也是外来训练有素的外军。但是有些情况下，虽然不是外来侵略，但其社会危害性等同于外来侵略，我们也会把它视为战时。如《刑法》第451条规定，部队执行戒严任务或者处置突发性暴力事件时，以战时论，在这种戒严或者处突事件的情况下，使用警械武器我们可以视为军事职权。这种军事职权可以认为是一种军事打击权。军事打击权是军事权力体系里最主要的权力。武警警械武器使用权是军事权，这是基于它的主体武警部队是军事机关，由军事机关行使的职权，当然可以理解为军事职权。过去武警部队的指挥体制是中央军委和国务院双重领导体制。武警部队的很多安全保卫任务中还存在大量的行政行为，所以它的主体性质发生变化后，还有很多值得思考的地方。那是不是可以从承担不同任务的角度对武警使用武警警械武器使用权做一个界定，就是武警部队在安全保卫任务中承担的是行政性的职权，但是武警部队的主体是军事主体，因此，我们可以把武警这一类军事主体行使行政行为的行为称为特殊的军事行政主体，而这类权力叫武警军事行政权。我们还不能忽略另外一个主体就是解放军，解放军和武警部队都是国家武装力量的重要组成部分。它的威力比其他任何权力都严厉，造成的破坏性结果远非别的权力可以比拟。解放军使用警械武器更多的是在战争状态下,以服从上级命令的形式显现出来。更多地是以武装集团作战的形式出现,解放军只需听从上级的命令使用警械武器就可以了。在使用时不会考量单兵使用警械武器的合理性。这与武警的单兵执行下既是作战员也是指挥员是有区别的,武警担负的安全保卫任务就决定了,很多时候是需要其根据任务的性质、时机来判断是否使用警械武器以及种类,同时还要考虑武力使用是否恰当。

军事打击权可以是直接的暴力加诸行为对象身上,也可以表现为一种武力威慑。武警使用警械武器是一项公权力,在讨论武警警械使用权时,我们更多关注的是警械武器使用权消极的方面,因为使用警械武器会导致人生命安全处于极度的危险,我们要控制权力,防止权力滥用,而忽视了武警使用警械武器使用权积极的方面,就是维护人民群众的生命安全。

五、武警警械武器使用权和人权保障的关系

我国正处于一个发展变化的时代。一方面国际形势风云变幻,国际争端日益显现,另一方面国内形势也不容乐观,暴力恐怖事件和群体事件时有发生。在维护社会安全稳定上,武警部队既要处理人民内部矛盾,也要处理敌我矛盾,这些都要求武警部队能够掌握使用警械武器的法律界限,作出最佳的判断,在打击犯罪的同时,也要考虑人权保障的相关问题。当然,随着民众法治素养和法治意识的提高,对于人权保障的理念要求越来越高。这些都对武警部队的执法提出了

更高的要求,即依法使用警械武器、依程序使用、有效控制杀伤性、最小武力原则。武警部队在执行任务使用警械武器时,要把保护人权理念贯穿于始终,既要能把握好法律尺度、把握时机,该用的时候果断使用,确保任务得以圆满完成。同时武警部队也要注意严格使用规范,使用的强度,不能随意使用,伤害他人生命健康权,激化人民内部矛盾,违背执法为民的宗旨,不能不当使用,造成恶劣影响,影响部队声誉和国家形象。

六、武警警械武器职权应用的范围

(一) 武警警械职权应用的范围

1. 非法集会、游行示威、静坐等表达诉求和请愿等活动。

2. 处置群众性治安事件。群众性治安事件是指群众为获取利益而聚众闹事,危害社会秩序的事件。

3. 处置群众性械斗事件。群众性械斗事件是指群众之间有组织地以器械和非制式武器为主要工具的暴力争斗事件。处置这种事件,武警部队应以军事威慑为主。

4. 强行冲击部队的警戒场所。比如部队的守卫的关系国计民生、交通枢纽等重点警戒目标、军事目标、部队营区等。

5. 阻碍武警官兵执行任务。武警部队在依法遂行多样化任务时,遇到阻碍部队执行任务的情形,武警官兵可以依法使用警械。

(二) 武警武器职权应用的范围

1. 处置骚乱及暴乱事件时。骚乱事件是指聚众闹事,严重破坏社会秩序并造成人员伤亡的事件;暴乱事件是指以危害国家安全为目的,聚众闹事,并实施暴力犯罪而造成重大人员伤亡的事件。

2. 处置劫持事件时。劫持事件是指以暴力、胁迫或者其他方法挟持交通工具、绑架他人的事件,主要包括劫机、劫船、劫车和劫持人质事件。劫持事件,往往毫无征兆,情况复杂,人质面临巨大威胁;犯罪人往往携带凶器或者危险品,给武警处置造成较大难度稍有不慎可能会造成人质的生命安全得不到保障。

3. 犯罪分子正在实行行凶、杀人等暴力行为,危及公民生命安全的。

4. 使用武力方式袭击哨兵、处置袭击事件时。袭击事件是指使用暴力手段劫夺在押罪犯、犯罪嫌疑人或者突然攻击执勤目标、执勤人员的事件,主要包括劫狱、劫刑场、袭击执勤目标和袭击执勤人员事件。

5. 暴乱、骚乱事件等严重破坏社会治安秩序,用警械不能制止的。

6. 在押犯拘捕、脱逃的。

7. 犯罪分子携带枪支、爆炸、剧毒等危险物品实施犯罪的。

8. 以暴力方法抗拒或阻碍武警官兵依法履行职责或者暴力袭击武警官兵,危及官兵生命安全的。

9. 捕歼战斗。捕歼战斗是指缉捕、歼灭暴力犯罪分子的战斗。捕歼战斗不是两军对垒，我方一般占据绝对优势，所以，在这种战斗中仍然有力求以最小的代价完成任务的原则，充分体现武警部队军事权的特殊性。

10. 其他紧急情况下不使用武器不足以制止犯罪的情形。

七、武警使用警械武器的职权和责任一致

武警使用警械武器的职权是国家赋予的，代表国家在特别紧急的情况下使用警械武器权，保护人民生命财产安全和社会安全稳定以及抵御外来侵犯。武警在使用警械武器时要对国家赋予其的职权负责，同时，也要有效控制国家公权力的滥用，随意侵害个人的私权利的责任。尤其是关于他人的人身权和生命权都是公民私权里最重要的权利。武警滥用职权或者不当履行职权都是要受到国家法律追究的，这是国家赋予武警部队权力的同时也在限权。

第四节 武警使用警械武器应遵循的基本原则

武警部队执勤、处置突发事件具有复杂性，任务性质不同导致使用警械武器也有所差异。武警部队在使用警械武器时，一定要遵守警械武器使用权的原则。合法、适度地行使权力。一方面要敢于使用。武警官兵在处置任务过程中，如果不使用警械武器就会导致他人或自身的人身安全时，

要敢于使用。另一方面也要限制使用。武警官兵在使用警械武器过程中，要防止不当使用，发生不必要的损害。采取直接有效的武力手段，但所有武力手段都应当限定在法律所允许的范围之内。武警使用警械武器需要遵循一些基本原则。

一、合法性原则

武警部队对警械武器使用的主要法律依据是《人民武装警察法》第三章第22条和第四章第29条的相关规定。

由于我国目前还没有单独的武警使用警械武器条例，武警执行任务使用警械武器另一个重要的法律依据来源于《人民警察使用警械和武器条例》。虽然武装警察和人民警察在主体性质和执行任务的种类上有差异，但在处置突发社会安全事件和其他任务时却是高度重合的，所以该条例对人民警察使用警械武器的规定，同样也适用于武警部队，只是在执行任务时可以将具体程序进一步规范。

《人民警察使用警械和武器条例》第7条规定："人民警察遇有下列情形之一，经警告无效的，可以使用警棍、催泪弹、高压水枪、特种防暴枪等驱逐性、制服性警械：（一）结伙斗殴、殴打他人、寻衅滋事、侮辱妇女或者进行其他流氓活动的；（二）聚众扰乱车站、码头、民用航空站、运动场等公共场所秩序的；（三）非法举行集会、游行、示威的；（四）强行冲越人民警察为履行职责设置的警戒线的；（五）以暴力方法抗拒或者阻碍人民警察依法履行职责的；（六）袭击人民警察的;(七)危害公共安全、社会秩序和公民人身安全的其他行为,需要当场制止的;(八)法律、行政法规规定可以使用警械的其他情形。人民警察依照前款规定使用警械,应当以制止违法犯罪行为为限度;当违法犯罪行为得到制止时,应当立即停止使用。"

《人民警察使用警械和武器条例》第8条规定:"人民警察依法执行下列任务,遇有违法犯罪分子可能脱逃、行凶、自杀、自伤或者有其他危险行为的,可以使用手铐、脚镣、警绳等约束性警械:(一)抓获违法犯罪分子或者犯罪重大嫌疑人的;(二)执行逮捕、拘留、看押、押解、审讯、拘传、强制传唤的;(三)法律、行政法规规定可以使用警械的其他情形。人民警察依照前款规定使用警械,不得故意造成人身伤害。"

《人民警察使用警械和武器条例》第9条的规定:"人民警察判明有下列暴力犯罪行为的紧急情形之一,经警告无效的,可以使用武器:(一)放火、决水、爆炸等严重危害公共安全的;(二)劫持航空器、船舰、火车、机动车或者驾驶车、船等机动交通工具,故意危害公共安全的;(三)抢夺、抢劫枪支弹药、爆炸、剧毒等危险物品,严重危害公共安全的;(四)使用枪支、爆炸、剧毒等危险物品实施犯罪或者以使用枪支、爆炸、剧毒等危险物品相威胁实施犯罪的;(五)破坏军事、通讯、交通、能源、防险等重要设施,足以对公共安全造成严重、紧迫危险的;(六)实施凶杀、劫持人质等暴力行为,危及公民生命安全的;(七)国家规定的警卫、守卫、警戒的对象和目标受到暴力袭击、破坏或者有受到暴力袭击、破坏的紧迫危险的；（八）结伙抢劫或者持械抢劫公私财物的；（九）聚众械斗、暴乱等严重破坏社会治安秩序，用其他方法不能制止的；（十）以暴力方法抗拒或者阻碍人民警察依法履行职责或者暴力袭击人民警察，危及人民警察生命安全的；（十一）在押人犯、罪犯聚众骚乱、暴乱、行凶或者脱逃的；（十二）劫夺在押人犯、罪犯的；（十三）实施放火、决水、爆炸、凶杀、抢劫或者其他严重暴力犯罪行为后拒捕、逃跑的；（十四）犯罪分子携带枪支、爆炸、剧毒等危险物品拒捕、逃跑的；（十五）法律、行政法规规定可以使用武器的其他情形。人民警察依照前款规定使用武器，来不及警告或者警告后可能导致更为严重危害后果的，可以直接使用武器。"

同时，《人民警察使用警械和武器条例》也规定了两种不得使用武器的情形。第10条规定："人民警察遇有下列情形之一的，不得使用武器：（一）发现实施犯罪的人为怀孕妇女、儿童的，但是使用枪支、爆炸、剧毒等危险物品实施暴力犯罪的除外；（二）犯罪分子处于群众聚集的场所或者存放大量易燃、易爆、剧毒、放射性等危险物品的场所的，但是不使用武器予以制止，将发生更为严重危害后果的除外。"第11条规定了两种情况下应当停止使用武器：一是犯罪分子停止实施犯罪，服从人民警察命令的；二是犯罪分子失去继续实施犯罪能力的。

武警使用警械武器一定要遵循合法性原则，在法律的框架内行使,对什么情况下可以使用、什么情况下不能使用、什么情况下可以例外,一定要非常清楚,确保准确把握。

二、适度性原则

警察如何合法地开枪?必须是有拒捕、暴乱和其他的暴力行为出现后,按照相关规定,警察才能够开枪。《人民警察使用警械和武器条例》规定了人民警察在判明属于15种情形之一,经警告无效的可以使用武器。

但是由于现实中的突发情况非常复杂,法律法规的规定均存在着原则性过强,缺乏具体操作性的问题。因此在实战中,除了要注意使用警械武器的合法性,还要根据具体情况确定使用警械武器的适度性。最低限度使用武力是武警部队在战斗中的重要原则。如《人民武装警察法》第23条就对适度性原则作出了规定:"人民武装警察执行任务,遇有妨碍、干扰的,可以采取必要措施排除阻碍、强制实施。人民武装警察执行任务需要采取措施的,应当严格控制在必要限度内,有多种措施可供选择的,应当选择有利于最大程度地保护个人和组织权益的措施。"武警部队的一切战斗行动都是在符合法律规定的范围内,特别是在处置两类性质不同的矛盾时。性质一时难以辨明的情况下尤其要掌握武力打击的限度。贯彻这一原则,必须要注重把握两点:(1)动兵不动武。利用"擒首掏心、重点打击"的震慑作用,发挥政治优势的作用,以宣传疏导、政策攻心为主,从而控制事态,防止蔓延、恶化，力求达到不战而屈人之兵的目的。[1]（2）致伤不致死。在确实需要实施武力打击时，应根据武警部队指挥机构的指示，严格掌握武力打击的力度，注意做好以下三点：一是能用警械解决的问题就绝不使用武器；二是能适用非致命性武器解决的问题，就绝不能适用致命性武器；三是能击伤制服的，就绝对不能将其致死。把使用武器控制在最小范围内。但对于顽固不化，负隅顽抗的敌对分子，而且在情况特别紧急危险时，应当按照警械武器的使用规定，灵活机断，予以坚决打击。总之，警械武器使用的原则就是，在要制止那些非常危险的犯罪分子继续犯罪的情况下，必须坚决及时使用警械武器，不能对此手软或者有顾虑。但是在可以使用也可以不使用的情况下，对于使用警械和武器就必须要用谨慎态度去面对。当然，不同的情况出现后，相关规定的具体指导也不同，所以一定要严格遵守规定，但是不能够过分地对规定进行细化和机械遵守，否则就无法很好地用相关规定来指导实践工作。武警执行任务的过程中，往往也很难在一个极短时间内完成对危险程度的判断，在执勤、处置突发事件的时候，面对危险状况，武装警察往往是以生命为代价，我们讲执法为民，讲执法的规范化，但同时也必须要考虑武警的自身利益，他们的生命同样宝贵。所以要允许武警在面对突发情况的时候，拥有一定的自决权来决定如何处理，是

---

[1] 欧阳华、李可人主编：《武警处置突发事件法学》，陕西师范大学出版社2009年版，第190页。

否开枪等。因此，在上述情况下，武警有自己判断是否使用武器的权力。

三、有利原则

作为一名人民武装警察必须树立正确的理性思维，讲究战术、技能、原则，确保恰当合法、适度地运用强制手段。实战中应当做到：一是要严格区分两种不同性质的矛盾，区分合法与非法的界限，以实际行动感化群众，消除多数人误解，争取群众的理解和支持；二是要孤立少数，打击首恶，既要讲战术又要讲原则，使自己处于有利地位，主要应做到以下几点：

1. 要针对不同类型的措施制定行动预案，始终按照有关规定进行操作，随时准备应对突发事件。

2. 在执勤、处置突发事件过程中严格依法办事，使用武力要规范，严格按照要求和标准。

3. 应对围殴、殴打、行凶等突发事件时，要做到沉着、冷静、坚决果断、采取灵活机动、合法适度的处置原则，尽快控制局势，尽早平息事端。

4. 要有精良的装备保障。先进优良的装备是顺利完成执勤任务的保障。遇到重大执勤任务，应根据具体执勤、处置突发事件环境，配备警车、通讯和其他警械装备，以保证任务的顺利完成。

四、比例原则

比例原则最早来源于德国,在法学领域,比例原则最基本的含义是指使用的手段不得与所追求的目的不成比例,或者使用的手段必须与所追求的目的保持适当、正当、合理或均衡的比例关系。[1]武警使用警械武器采取的这种强制措施的强度要与所维护的公共利益成正比。在实现目的的情况下,要将损害降到最低。如当犯罪分子已经停止犯罪,服从武警的命令,或者失去继续犯罪的能力时,应当立即停止使用武器,这也是比例原则的体现。武警使用的警械或武器的危害程度,要和对方使用的暴力威胁相适应。犯罪分子没有使用任何武器,可能使用警械就可以解决,这时如果选择使用武器,这在强度上就属于过当,明显违反比例原则的要求。

---

[1] 参见许玉镇:《比例原则的法理研究》,中国社会科学出版社2009年版,第68页。

第二章
武警警械武器使用权的实体法律规制

第一节 现行的法律规范

　　武警部队和公安机关不同,武警部队主要采取军事手段保卫国家安全,维护社会稳定,为保证任务完成,法律赋予武警部队警械武器使用权。但警械武器的使用可能会导致人员的伤亡和财产的损失,如何既能圆满完成各项安全保卫任务,又能减少或降低人员伤亡和财产损失,是需要长期认真研究的问题。为了不侵犯和损害公民的合法权益,武警部队在执行安全保卫任务的过程中,必须严格遵守法律、法规和政策,正确行使法律赋予的权力,依法对待事件的参与者,使用警械武器的时候,将其控制在最低的限度,从而减少各方面的损失。武警法律规范中限制武器装备使用的法律规定主要有以下几方面:

一、对警械武器使用对象的限制规定

　　法律法规和武警部队发布的军事规章已经比较细致地规定了武警部队使用警械武器的对象。本书在论述武警使用警

械武器的法律依据时已经列举过相关法条。警械武器使用对象的限制包括两个方面：第一个方面是应当使用警械武器的对象。第二个方面是严禁使用警械武器尤其是使用武器的对象。这是一个问题的两个方面，既要鼓励正面的、大胆地使用警械武器，又要注意保障公民人身、财产安全，尽最大可能避免人员伤亡和财产损失。需不需要使用警械武器、是使用警械还是使用武器，其判断的标准就是执法对象的违法犯罪行为对公民人身、财产权利和公共安全所造成的危险程度。对于能够徒手控制的对象就不使用警械；能够使用警械的就不使用武器；使用武器能打击次要部位的就不打击致命部位。武警官兵使用警械武器，以制止犯罪、化解危机、保障生命安全为目的，而不是为了从肉体上消灭犯罪分子。所以，我们在确定使用警械武器时，要尽量以最低的武力成本，获取最高的执法效益。

二、对警械武器使用批准权限的限制规定

警械武器在完成执勤、处置突发事件任务中起着非常重要的作用，对维护国家安全、社会秩序意义重大。因此，在使用过程中，不仅要从战术角度考虑，还需要深层次地从政治、政策、法治的高度看问题。所以，对于批准使用的权限有严格的限制。一般情况下，使用武器装备应由现场最高指挥员批准。[1] 擅自使用，导致事态升级扩大，影响社会稳

---

[1] 陈玮："警察行政执法中最小使用武力原则研究"，华东政法学院2007年硕士学位论文。

定，造成严重后果的，应负法律责任。

三、对警械武器使用时机的限制规定

警械武器的使用时机是一个和使用对象同样重要的问题。同一个执法对象，在不同的行为阶段，武警可能需要使用的警械武器是不一样的。针对一般的犯罪行为，例如，盗窃、抢夺、破坏公私财物之类的犯罪，采用警械控制就可以了；针对暴力犯罪行为像放火、爆炸、行凶、劫持人质、以武器相威胁之类的，就可以使用武器。一般犯罪与暴力犯罪的区别，就在于暴力犯罪侵害的是人的生命安全，或者是不特定多数人的生命健康与重大财产的安全。在违法犯罪行为对公民人身财产权利造成的危害程度比较轻微时，通常会选择使用警械予以制止。而制止无效，违法犯罪行为的暴力升级、危害程度升级，武警需要使用的工具就需要从警械升级为武器。当然，武器的使用还要区分致命性武器和非致命性武器，武警使用武器的先后顺序是优先选择使用非致命性武器，只有在非致命性武器无法制止犯罪行为时，才能使用致命性武器。

四、对警械武器使用空间的限制规定

警械武器使用的范围主要是指武器装备作用效果的客观空间。使用武器的空间如果过小，处置现场的混乱局面得不到有效的控制；空间过大又会伤及无辜，造成不良影响。[1]

---

[1] 仲崇玲："武警处突中警械使用规则初探"，载《学理论》2013年第5期。

所以使用空间的判断应当是，在能够控制事发现场的情况下，把武器的使用范围降到最低。例如，在人群中追捕逃犯，应尽量避免使用武器，防止误伤群众。存放大量易燃易爆、剧毒、放射性物品的场所，应避免使用动能武器或燃烧型弹药，以免造成重大财产损失和人员伤亡。

五、对警械武器使用数量的限制规定

警械武器可以使用的数量，往往和最终的使用结果之间有非常直接密切的联系，从而决定最终损害会到达什么样的程度。非致命性武器如果使用数量过多，那么其所造成的效果和损害程度甚至也可能超过致命武器。《人民武装警察法》第22条和《人民警察使用警械和武器条例》第16条虽然都规定了警察在使用警械和武器上要参照相关法律法规进行，但是对使用的具体数量和类型都没有进一步规定。然而后者却是武警执行安全保卫任务中使用警械武器的基本依据。

第二节 现行法律规范存在的问题

一、国家层面对警械武器使用权的专门立法需加强

我国国家层面与武器有关的法律只有《枪支管理法》，没有《枪支使用法》，只有国务院制定的《人民警察使用警械和武器条例》，有权使用枪支的主体有军人、武警、警察、海关缉私、运动员等，具体的不同使用主体在承担不同任务

时候可以使用枪支的程度是不同的。目前,我国有很多的法律条文中规定了枪支使用的情形,如《反恐怖主义法》《人民武装警察法》《防暴条令》等。但是缺乏国家层面统一的使用规定。不同主体在使用警械武器时的权限和强度不同,国家需要对此有相对统一的规定,然后针对不同的主体制定更具体的细则,让每一类主体均有法可依。武警承担的任务具有特殊性,在执法对象方面与公安机关和解放军在使用警械武器的暴力强度上有很大的差异。所以,笼统地将各类不同主体都依据同一个《人民警察使用警械和武器条例》来执行,效果是不理想的。

二、现有警械武器使用法律规范位阶较低

目前我国有关警械武器使用的规定主要有《反恐怖主义法》《人民武装警察法》和《人民警察使用警械和武器条例》《看守所条例》《关于人民警察执行职务中实施正当防卫的具体规定》,武警部队制定的有关军事规章等。其中,《反恐怖主义法》针对反恐怖主义任务中使用武器作出了较为明确的规定。但是除此之外,主要是行政法规、规章和军事行政法规和军事规章对使用警械武器作出的规定。总体来说,警械武器使用法律规范的位阶较低,其约束力范围有限。而由法律对涉及公民生命权益的事项作出规定是各国的通例。我国《立法法》对此也有明确的规定。

三、现有警械武器使用法律规范需进一步明确

现有警械武器使用法律规范存在的一个问题是：内容不甚明确，个别用语模糊，过于原则。导致在人民武装警察在紧急情况下，不知是否能够使用警械或武器，适合使用哪一种警械或者武器，如何使用，有时只能凭经验为之，这与我们要依法使用武力的法治要求不相适应。如果是刚刚入伍的武警战士单独执勤的时候，因为没有经验会无所适从，这样不仅会影响到勤务的执行，还可能无法保障自身的安全。所以，细化警械武器使用规范是增强现有法律规范的指导性和可操作性的唯一方法，从而使执行任务的武警官兵能够清晰明确地知道，在执行任务的过程中，什么时候可以使用警械武器，以及如何恰当使用警械武器。例如《人民警察使用警械和武器条例》规定，开枪前必须有"警告"这样一个前置程序。警察开枪前进行警告并非我国特有的程序。德国等国家均规定警察需要先行警告。美国、英国只允许口头警告。日本既规定了口头警告，也规定了鸣枪警告。《人民警察使用警械和武器条例》规定的是"口头警告"或"鸣枪警告"，到底何时采用口头警告，何时采用鸣枪警告就是一个不甚明了的问题，在实际运用中往往变成了"口头警告"且"鸣枪警告"。

第三节 实体法律规范的完善

一、构建合理的警械武器使用法律规范体系

世界各国对开枪作出了很多的法律规定，许多国家不仅对开枪的情形与人的生命权放在一起来规定，明确规定军人执行任务行为使用武器造成死亡不属于侵犯公民的生命权。在我国，虽然宪法没有对武警使用警械武器的问题作出规定，《立法法》也没有明确列出剥夺公民生命安全等生命权利的枪支使用措施是否属于只能制定法律的事项，但是剥夺人的生命安全的权力的强制措施更为重要，这是显而易见的，所以武警合法使用武器，只能由法律的形式体现。对武警使用警械武器尤其是使用武器进行立法，具体的立法安排可以作如下设计：在宪法中作出原则性规定，可以是一句话的规定。然后，以专门法律的形式作出具体规定，法律的名称可以是《枪支使用法》，与《枪支管理法》相呼应，将《人民警察法》《监狱法》《戒严法》等法律中对使用武器的规定整合到《枪支使用法》中。当然，宪法和专门法律不能解决使用武器的所有法律问题。武器使用过程除了具有非常强烈的动态性和紧急性，还具有非常突出的技术性。因此，法律比较适合作出原则性的规定，而具体化的操作规范这种属于技术性领域的规范则可交给行政机关来制定。例如，军队可以在其立法权限范围内制定《军队警械和武器使用细则》，从军队

层面对军队（包括武警部队）使用警械武器作出整体性的规定。

二、提高现有警械武器使用规范的法律位阶

武警使用枪支可能会对人的生命造成影响，所以武警能否正确使用枪支，影响着社会安全任务的完成，关系到武警自身的生命安全还有犯罪行为人的生命安全。使用警械武器是一种职务行为，对公民人身财产安全会产生直接或者间接的影响，因此，在构建警械武器使用法律规范的过程中既要构建新的法律规范，也要有效地利用现有的法律规范，对其进行合理地改造，使其符合警械武器使用法律规范体系的内在要求。其中，提高现有警械武器使用规范的法律位阶是一个可行的方法。具体可以采取以下操作方法：

（一）将相关行政法规升级为法律

将现有的警械武器使用行政法规升级为法律并非是将每一部相关的行政法规都升级为一部法律，而是将其中应当在法律中作出规定的内容纳入到法律中去，而适宜由行政法规规定的内容仍然保留其中，真正实现法律和行政法规之间在内容和效力上的有效衔接。

《人民警察使用警械和武器条例》有必要上升为法律，保留其中纯属使用警械武器的技术性内容，而对于影响到公民人身财产权利的内容则应当放置到使用武器的法律中，这样做符合《立法法》的要求，也符合依法行政的要求。

(二) 相关行政规章升级为行政法规

目前,武警官兵使用警械武器除了依据法律、行政法规的规定,也依据武警部队制定的军事规章。由于武警军事规章只能适用于武警部队内部,对外不具有约束力,但是武警官兵使用警械武器的行为却会对公民人身权利和财产权利产生影响。因此,有必要将武警部队制定的使用警械武器方面的规章升级为军事行政法规,至少从规范的制定程序和制定内容上由中央军委进行严格的把关,与国家的相关法律规范进行对照,力求与法律规范保持一致,避免不同层级规范之间的冲突。

三、细化警械武器使用规范的具体内容

构建合理的警械武器使用规范体系是一个宏观的举措。在此举措之下,必然会包含具体规则的设计问题。这就涉及警械武器使用的具体规则内容。目前,在这方面主要解决的是现有的模糊规范如何进一步明确和细化的问题。警械武器使用的具体内容需要细化的有很多。例如,使用武器的法律标准问题,禁止使用武器的具体情形等问题。根据他国的经验,结合我国的实际,武警判断是否开枪的标准,同时应当满足以下两个条件:第一,是否有人的生命受到了严重的威胁,可以是武警官兵自己的生命,也可以是某个特定公民的生命,还可以是不特定多数公民的生命。而生命受威胁的形式既可以是直接的,也可以是间接的。所谓直接的威胁,就是人的暴力行为是针对公民的生命而来的,如一名歹徒举着

大砍刀向菜市场的人群砍去。第二，是否没有其他替代性的处理方法。如果歹徒和武警对峙，而歹徒没有带枪，用的是刀，这时候我们应当要求武警可以使用擒拿动作制服歹徒，而不是选择使用武器。如果处置的时间相对富余，例如，一个歹徒拿着砍刀冲向人群，但是离人群还有一段可控的距离，此时，武警可以按照"武力使用的级次推演"要求由轻到重依次采取措施。先使用警械制止，警械不能制止，再考虑使用武器。又比如，禁止使用武器的内容需要更全面。目前，我们仅从环境和对象的角度对禁止使用武器作了规定，而现实的复杂性远远超出我们的想象。随着机动车数量的极速增加，武警执行任务面临一个新的问题。如果行为人在交通工具内，武警是否应当对其进行射击。交通工具本身的风险和使用武器的技术风险叠加，出现的意外后果可能更为严重。例如，我们可以设想一下：武警开枪射击高速行驶中的小汽车驾驶员，子弹打偏了，打中了旁边一辆车上的驾驶员，致使该车失去控制，撞向了第三辆车。如此后果已经偏离了制止犯罪的本意，其损害超过了行为人逃跑的危害。因为，行为人逃跑了，武警可以想办法追捕。而无辜公民受到的伤害，却无法弥补，这都是现实中难以解决的。还有，武警部队对执行任务的实践情况要及时总结，并且根据实践中案例剖析案件中的相似有集中性的问题，制定更加具有实操价值和指导意义的具体标准，优化同类案件处理的效果，在下一步法律修订过程中适时加入，最终提升武警现场警械武器使用权的水平。

四、加入自由裁量相关条款

近年来我国各类群体事件较为多发,暴力型犯罪也居高不下。武警官兵在履行职责使命的过程中,很多时候是分队作战或者单兵作战,武警官兵的自由裁量权在紧急情况下,对任务完成起到至关重要的作用。一方面,国家应当允许武警官兵在执行任务时有自由裁量权,这是对武警官兵和不特定多数人的权利保障。另一方面国家在制定自由裁量制度的同时也需对该权利的行使设置一些限制,让武警官兵在行使时明确知道,选择最佳的处置方式,是法律所支持的,如果滥用自由裁量权还是要受到法律处罚的。

警察心中要存有对生命的敬畏,提升对不同事态加以斟酌权衡和迅速做决定的理性能力。使用枪支必须遵守比例性原则,即行动与潜在危害程度相适应,若非紧急不能朝对方要害部位开枪,还必须遵守最低限度利用枪支的原则。具体的权衡可能在实务中难以把握,但可以通过技术进步解决,比如让武警配备可以让对方丧失行动能力但不至危及生命的武器。还可以通过制度性方式解决,规定那些经验更丰富、性格更平稳、心理素质更好的武警可以持枪,并在上岗前进行严格的技术培训,将武警用枪规则彻底透明化、可监督化。[1] 武警官兵应有使用警械武器的自由裁量权。武警官兵

---

[1] 刘波:"警察用枪规则应透明",载《21世纪经济报道》2014年6月30日。

在遂行多样化任务时，基于对当事人现场违法犯罪的侵害程度做一个判断，自行选择使用可以相制衡的警械和武器。官兵自由裁量权最大的好处就是提高了执法的效率，在很多情况特别紧急来不及报告，但是有时需要武警官兵当场做决定时，如果法律赋予武警官兵警械武器的自由裁量权，一方面，这对打击犯罪和保障公民的人身安全会起到保障作用；另一方面，武警官兵使用警械武器的自由裁量权同时也会带来很多的隐患。比如，武警官兵滥用警械武器等给公民的人身权和生命权带来了危险，这就需要法律的规制，来约束武警官兵的执法行为。官兵使用警械武器一直都是社会关注的焦点，使用不当是容易授人以柄，破坏军民间的团结的。自由裁量权其实还是一种国家公权力的体现，公民的生命权和人身权是权利中的公民私权的最高级别的权利。两种法益比较时，一定是一个动态平衡的过程。当公权力为了保护更多人法益时，就会存在牺牲个别人法益的情况。

第三章
武警警械武器使用权的程序法律规制

对警械武器使用的程序法律规制和实体法律规制同等重要。实体法律规制解决的是警械武器使用的对象、时机、标准、空间等实体性问题，而程序法律规制则解决警械武器使用的程序性问题。

第一节 现行警械武器使用权的程序规定

根据《人民警察使用警械和武器条例》的规定，警械特性包括驱逐性、制服性和约束性三种。从警械的功用上分析，警械的使用一般不会给当事人造成致命伤害，因此其使用的程序较为简单。结合武警部队有关法律规定，武警部队使用警械武器需要按照以下程序操作：

一、前置程序

（一）判明事实

执行公务或者对突发事件进行处置的时候，如果使用警械，必然有违法犯罪行为先于执勤或处置突发事件行动而存在。因此,武警官兵在使用警械时,首先必须判明需要使用警械的时机情形,是否符合法律、法规以及规章的规定。在判断过程中要注意以下两点:

1. 查明违法犯罪行为主体

从法律规定来看违法犯罪主体为一般主体,因此,在使用警械武器处置时,主体是谁并不难确定。但问题在于违法主体为多人,且他们均实施违法犯罪行为时,有明确分工,或者没有明确分工但多人在实施违法犯罪行为时所发挥的作用不同,需要分情况予以区别对待时,判明主体的情况就显得很重要,又有一定的难度。因此,在这种情况下,人民武装警察必须冷静观察,准确判断现场情况,区分主体之间的差异,选择适合的处置手段,需要使用警械予以制止的,就必须使用警械。

2. 明确实施违法犯罪行为的手段

有些犯罪行为如果没有被立刻制止,那么由于其本身的危险性,会造成较为严重的后果,在这种情况下,如果使用警械制止违法犯罪行为,可能在时间上来不及,而且使用警械也无法达到预期效果时,这种情况下使用警械显然是不明智的。而有些违法行为必须持续一段时间后,才能造成违法危害后果的发生,那么,就可以使用警械以制止其继续完成违法犯罪行为,最终达到防止危害后果发生的目的。

(二) 命令现场无关人员躲避

经判明事实,摸清违法犯罪行为的基本情况后,尚不能直接使用警械,例如催泪弹、高压水枪等。因为,武警部队

第三章　武警警械武器使用权的程序法律规制

处置的违法犯罪行为,其发生的地点一般为公共场所,例如,现场警卫或路线警卫过程中遭遇对警卫对象的袭击,或者是守卫勤务中守卫场所所处的闹市区遭遇非法攻击,又或是武装押运勤务,守卫勤务这些执勤地点都在公众能够进入的范围以内,当发生紧急情况时,必然会招来群众的围观。另外,处置突发事件中,不但参与的人数众多,而且违法犯罪分子为了造成一定的社会影响,也必然选择在公共场所实施违法犯罪行为,这都给处置工作带来极大的难度。最为直接的一个影响就是警械的使用问题,催泪弹和高压水枪的使用,本身就有驱散群众的目的,但还是要选择一个合适的时机,必须首先命令现场无关人员进行躲避,令其离开现场,如果不听劝阻,方可使用警械武器。

二、选择程序

发出警告。人民武装警察人员在使用警械之前,必须向违法犯罪分子发出警告,令其放弃继续实施违法犯罪行为。这一程序在于不战而屈人之兵,给违法犯罪分子一个投降的机会。在很多违法犯罪过程中,犯罪人迫于军事压力可能会选择放弃违法犯罪行为,以获得减罪的机会。为了减少因为使用警械而带来的不必要的人身和财产损失,武警官兵在使用警械的情况,如果现场允许,应当向上级请示,根据上级的命令使用警械。

三、必经程序

服从指挥员命令。当警告发出后，违法犯罪分子一意孤行，置现场警告不顾，继续实施犯罪行为。这时武装警察应当服从现场指挥员的命令使用警械武器以制止违法犯罪行为。当以分队或者战斗小组等形式完成执勤或突发事件过程中，单兵遇到需要使用警械武器时，可以请示上级，根据上级的命令使用。如果来不及请示，事件比较紧急的，可以按照原来预定的方案执行。《人民武装警察法》第12条规定："调动人民武装警察部队执行任务，坚持依法用兵、严格审批的原则，按照指挥关系、职责权限和运行机制组织实施。批准权限和程序由中央军委规定。遇有重大灾情、险情或者暴力恐怖事件等严重威胁公共安全或者公民人身财产安全的紧急情况，人民武装警察部队应当依照中央军事委员会有关规定采取行动并同时报告。"

四、使用程序

使用武器。根据现场最高指挥员的命令，人民武装警察可以使用武器。但在使用武器时候必须注意：

（1）应当以制止犯罪行为为目的使用武器，避免因超越必要限度而造成不必要的伤害。《人民武装警察法》第23条规定："人民武装警察执行任务，遇有妨碍、干扰的，可以采取必要措施排除阻碍、强制实施。人民武装警察执行任务需要采取措施的，应当严格控制在必要限度内，有多种措施可供选择的,应当选择有利于最大程度地保护个人和组织权益的措施。"

(2)使用武器时,注意选择射击的部位,不能不加选择任意射击,给犯罪分子造成额外的伤害。从这个角度考察,这其实是对犯罪分子犯罪行为的一种临场裁决。但根据《刑法》的规定,犯罪分子需经人民法院审判,才能定罪量刑,并通过专门机关执行被判处的刑罚。因此,使用武器进行临场裁决,必须慎之又慎,应当估量犯罪分子可能被判处的法定刑,以不超过最高法定刑限度为宜。对于缺乏专业的法律知识的武警官兵而言这一判断可能是比较难的。而且现场情况瞬息万变,犯罪行为随时可能发生转化。针对此种情况,在使用武器时,必须把握控制好以制止犯罪行为为目的,将使用武器的结果控制在必要的限度以内。

五、停止程序

停止使用警械和武器。根据《人民警察使用警械和武器条例》第 11 条的规定,下列情形下,警察必须停止使用警械和武器:第一种是犯罪分子停止实施犯罪,服从警察给出的指令;第二种是犯罪分子没有能力再继续犯罪。犯罪分子停止实施犯罪必须是犯罪行为完成终止,此时武警官兵必须保持高度警惕,防止犯罪分子的反扑。对于已经丧失犯罪能力的犯罪分子,停止使用武器,对其予以抓捕。

第二节 现行程序法规范存在的问题

一、程序规则不成体系

警械武器使用的程序主要规定在《人民警察使用警械和武器条例》中。我国警械武器使用程序从总体上说设置过于简单，存在着一些尚需改进之处。首先，我国并不存在成体系的警械武器使用程序。《人民警察使用警械和武器条例》将警械武器使用的实体性内容和程序性内容规定在一起，没有无很好地区分，这也就失去了使用程序相对的体系性。我们只能从零星的文字中去揣摩警械武器使用的程序，这对于恰当使用警械武器是不利的。其次，现有的程序性内容也存在语焉不详，甚至内容缺失的情况。《人民警察使用警械和武器条例》第12条主要是一条程序性规定，第1款规定："人民警察使用武器造成犯罪分子或者无辜人员伤亡的，应当及时抢救受伤人员，保护现场，并立即向当地公安机关或者该人民警察所属机关报告。"第2款规定："当地公安机关或者该人民警察所属机关接到报告后，应当及时进行勘验、调查，并及时通知当地人民检察院。"第3款规定："当地公安机关或者该人民警察所属机关应当将犯罪分子或者无辜人员的伤亡情况，及时通知其家属或者其所在单位。"该条款规定了使用武器之后的抢救伤员程序、保护现场程序、报告程序、勘验调查程序、通知程序。为数不多的文字涉及了多项程序性要求，但是每项程序性要求仅仅是一个非常原则性的规定。而按照程序内容，每一个小程序均可以独立以一个或者几个条款存在，用来比较充分地说明程序的具体要求。因此，现有的程序性内容比较粗略，对现实的指导性不够。

二、缺乏审查监督程序

武警使用警械武器的行为属于职务行为，是履行公权力的行为。按照权力应受监督的原则和要求，武警使用警械武器的行为必须接受监督。但是，目前，法律对使用警械武器的监督程序是缺失的。有一些内容与监督有一点关系，但不够明确。《人民警察使用警械和武器条例》第12条第2款规定："当地公安机关或者该人民警察所属机关接到报告后，应当及时进行勘验、调查，并及时通知当地人民检察院。"公安机关在警察使用武器后，应当及时进行勘验调查，并及时通知当地人民检察院。条例规定公安机关进行勘验调查，目的在于确认警察使用武器是否合法、恰当。公安机关完成勘验调查后，需要及时通知当地人民检察院，其目的是便于人民检察院对使用武器的行为进行监督。如此重要的程序性事项，只是规定了一个条款，这实在是一个不得不说的程序缺憾。另外，《人民警察使用警械和武器条例》第13条规定："人民警察使用武器的，应当将使用武器的情况如实向所属机关书面报告。"条例要求使用武器的人民警察将使用武器的情况如实上报。上报的目的也主要是对使用武器的行为进行监督。但是，公安机关对这一报告需不需要进行审查，需不需要结合前面所说的勘验调查程序进行验证，这些条例都未说明。公民对警察使用武器的行为如何监督，条例没有作出规定，这也是一个不小的缺失。因此，从现有的程序性规范来看，我国目前没有一个独立的调查机构来监督使用枪支合法性与否，使用的警械武器的强度是不是适度这些重大问题没有规定。

三、程序规则需进一步公开、透明

规则公开是规则产生约束力的前提条件，公开的范围与约束力的范围应当是一致的。而我国法律体系中，使用警械武器的规则其公开范围与约束力范围存在不一致之处。典型的就是，武警内部规章不对外公开，但是它所规范的武警的职务行为却对公民产生影响。这就是武警部队制定的使用警械武器的程序规则无法透明公开，但却影响到公民权益的问题。这种矛盾不消除，武警使用警械武器的实体和程序合法性就会受到质疑。这可能会对武警公平执法起阻碍作用。所以应尽可能地让影响公民权益的程序规则公开透明，这是确保武警合法有效使用警械武器的重要前提条件。

四、细化警告程序

《人民警察使用警械和武器条例》对警察使用警械武器有一个前置程序，就是口头警告或者鸣响示警，但是现实操作中武警部队参与的任务不是在任何情况下都适用这个前置程序，这个程序是必须的。细化口头警告必经的程序和非必经的程序。比如在和犯罪分子对峙的时候，武警官兵可以使用口头警告的形式，以此来震慑犯罪分子。但是，在劫持人质的情况下，可能鸣响示警就是一种激怒犯罪分子的情形，从而可能引发报复人质，导致武警部队任务处置难度加大。还有就是一种情形就是在人员密集的场所。武警官兵鸣响示警有可能会危害到其他公民的人身权。对于警察使用武器进行"示警"工作而言，警察要先进行口头警告，一旦警告无效才能继续采取相应措施，而对于是否进行鸣响示警则存在认知方面的差异。在《公安机关人民警察佩带使用枪支规范》中对枪支进行了广义层面的分析，明确说明了"鸣响示警"本身就是武器使用，这就能在规范警察使用武器行为的基础上保护公民和警察自身的合法权益。另外，只有建立完整的前置程序监督管理模式，确保能针对实际情况予以动态化分析，才能减少警察使用武器的顾虑，提升警察武器使用的规范化水平。

第三节 程序法律规范的完善

使用警械武器的实体和程序规则具有同样重要的地位。完善使用警械武器的程序性规则可以有效地指导武警更加准确地使用警械武器，同时也可以更好地保护公民的合法权益不受公权力的侵害。

一、明确武警使用警械武器的合理顺序

使用警械武器的程序是一种在时间和空间上都存在逻辑关系的规则,它需要有其内在的逻辑。因此,法律规范对于武警使用警械武器的程序应当避免让官兵做选择题,即不能在程序中使用"或"这样的字眼。特别需要提及的就是将"口头警告或鸣枪警告"规定在一个程序中,让警械武器的使用主体做选择题,最后却变成了加法题,实践中,为了保险起见,警察和武警官兵会选择既进行口头警告,也进行鸣枪警告。这就意味着该法律规范被作了实质性的修改。究其原因,立法者在制定这个规则时,没有有效区分口头警告和鸣枪警告的不同特点,淡淡地把两者罗列在一起,导致实践中警察对这两种警告方式如何使用比较疑惑。

警告程序的具体设计与各国的国情有很大的关系,也跟一国对使用武器的理解有关。"由于美国枪支泛滥,美国法律禁止警察鸣枪警告,因为鸣枪警告往往让逃跑者跑得更快,袭警者下手更狠。"日本则要求:"要避免使用枪支而进一步刺激罪犯;用枪指向罪犯起不到威慑作用时,可向天空等安全方向开枪;开枪时,要警告对方'我要开枪了'。"[1] 警告的积极作用主要表现在:如果行为人听从警告,停止严重犯罪行为,警察就在没有实际使用武力的情况下实现了制止

---

[1] 余文斌、上官丕亮:"'当场击毙'的程序规制",载《云南大学学报(法学版)》2014年第2期。

第三章 武警警械武器使用权的程序法律规制

严重犯罪的目标。警告的消极作用也不容忽视：如果行为人是听力有障碍的人，听不到警告怎么办？如果行为人是外国人，听不懂警告怎么办？口头警告对这些人来说就没有作用。警察据此开枪射击的话，他们就失去了服从警察的警告放弃犯罪的机会。另外，警告在试图威慑行为人的同时，也可能让行为人感觉其面临更大的威胁，反而作出更为暴力的行为。我国把警告与否作为一般程序与特殊程序的重要区别，这就说明警告程序不适合非常紧急的场合。

二、程序的内容要明确

警械武器使用的程序固然不必像航天飞机运行的程序那般繁琐，却也是需要比较细致全面的，毕竟，警械武器使用的对象主要是针对人的，所造成的后果不是公民的身体受到损害，就是公民的生命遭到危险，因此，再怎么谨慎都不为过。有些在一线的武警官兵在面对恐怖活动时，由于对使用武器的程序规定掌握不明确，往往不敢依法使用武器，不利于及时有效地处置恐怖事件。使用警械武器的程序内容明确，目的是让武警使用警械武器的程序规则就和作战预案一样，明确清晰、有可操作性。在完善武警人员使用警械和武器的程序性规定时，可以区分不同种类的警械和武器作出规定，做到规定具体、程序完备，真正实现有法可依。在事后调查制度方面，可以考虑借鉴美国、英国、德国的经验，一旦遇到需要武警开枪，武警一定要根据现场任务的性质、使用是否具有紧迫性、使用武力的程度与对方违法犯罪程度是否相适应等一系列情况综合论述，形成书面报告，相关部门据此对警械和武器使用作出正确评价。

以完善使用武器的警告程序为例，笔者对使用武器的警告方式设想如下：

1. 明确警告的方式。根据我国的实际，可以设定口头警告和鸣枪警告并存。两种警告方式之间的关系需要明确。是选择的关系，是并列的关系，还是结合的关系。笔者认为作为并列的关系较为合适。口头警告和鸣枪警告分别适用于不同的场合。两种警告方式有四种具体的使用模式：第一种，仅用口头警告。第二种，仅用鸣枪警告。第三种，先用口头警告，再用鸣枪警告。第四种，不作任何警告。这四种警告的模式必须和具体的情形相对应，而不是任由武警随意选择。

2. 口头警告的具体内容应相对统一、规范。例如，可以设计为："站住，否则我要开枪了！无关人员马上离开现场！"

3. 鸣枪警告的行使方式以及风险防范。鸣枪警告实质已经是使用武器的行为，所以，它的风险与开枪射击具体的对象具有类似的风险，可能有误伤的风险，或者意图不被理解的风险。有学者就提出："鸣枪警告的意味不见得总是清晰的，有时甚至与威慑射击、吸引注意之射击混淆不清，如果不伴以清晰的言辞告诫，在有的情况下相对人很难清楚地了解其真正的内容。"另外，现在的城市环境对鸣枪警告的行使比较不利。城市高楼林立，子弹射出去角度稍有偏差就可能误伤无辜者。城市环境中开枪射击的风险要高于地域宽广的地方。如果行为人是听力有障碍的人，或者语言不通的人，

第三章 武警警械武器使用权的程序法律规制

根本听不到口头警告和鸣枪警告，此类情况应当作为特例处理，不能对武警提出超过常规的要求。应该根据现场的实际情况来判定，而不能凭借主观的判断。[1] 我国立法也要对此给予关注。

三、设立警械武器使用的检察监督程序

对于武警官兵在执行任务中使用警械武器的行为，武警部队应该设立一个完备的检查监督程序。武警部队的监督部门应当对武警人员在任务中使用警械武器时，能不能根据任务的种类的不同，正确选择合适的时机、场合以及武器的种类，进行一个有步骤性的检察监督。我们可以借鉴美国、英国等国家的一些经验，一旦遇到武警开枪，武警的监察部门就会委派专门的人员进行一系列勘验调查、分析、认定，最终得出一个书面报告，对该具体的行为进行一个定性，他的开枪行为合法或者违法，合法可能是职务行为或者是正当防卫，处罚的方式是用移送司法部门还是内部的纪律规定来处罚。要防止职权行使中出现滥用职权和渎职行为，就必须加强对行使武警职权过程的监督。《人民武装警察法》第六章"监督检查"对于人民政府及其有关部门以及公民、法人和其他组织的监督作出了规定，人民武装警察在行使警械武器使用权的过程中要自觉接受监督。还规定了检举、控告的手

---

[1] 几年前，在法兰克福机场发生的一起误杀案件曾引起德国社会的激烈讨论。机场警察怀疑一名阿拉伯男子为恐怖分子，就喝令他站住，他听不懂德语就一直往候机楼跑，结果被当场击毙。当事警察后来被判了过失罪。

段以及武警部队对于"所属人民武装警察执行法律、行政法规和遵守法律的情况进行监督和检查",要充分利用好这些武警部队行使职权监督的机制。

四、执勤适度公开程序

由于武警内部规章不对外公开,导致了武警部队在执行职务行为时,公民会产生抵触和怀疑的态度。武警部队可以适时的通过媒体或者网络进行广泛宣传,武警部队制定的使用警械武器法律依据以及使用的程序规则,在不涉及泄露部队秘密的情况下,让公民知道武警使用警械武器法律依据和情形,公民作为一方当事人是有知情权的,这样在执法过程中就会避免出现公民质疑武警部队是否有权利行使警械使用权,以及在行使过程中是否有滥用警械武器的情形。如果公民对于武警官兵执勤有异议,部队可以通过媒体或网络对执法异议点进行解释和说明。中央广播电视总台旗下 CGTN 播出一部名为《中国新疆 反恐前沿》的英文纪录片,全方位记录了新疆暴恐势力的罪行以及我国解决新疆问题作出的牺牲与努力。片子里有很多记录武警部队参与处置的真实影像,这也是执勤适度的公开,不仅让国内公民看到武警执法的过程,同时也将事实转播到世界的各个角落,这样很多谣言就不攻自破了。

五、加入开枪后心理防护程序

开枪后的心理防护在现实中亟待解决,很多参与过暴恐

第三章 武警警械武器使用权的程序法律规制

事件处置任务的官兵在开枪后会有惊恐、沮丧、愧疚等很多应激状态和负面情绪，如果不及时解决这些负面情绪会让武警产生严重的思想负担，影响身心健康甚至影响任务的完成。我国在这一块的立法还是滞后的，法律是要解决现实中的困难和问题的，所以，开枪后的心理防护问题，还是要在法律条文中作出规定的。我国现实中公安机关对于这种情况是非常重视的，比如四川省在 2008 年年底，在县级以上机关全面建立了民警心理疾病预防与干预机制。四川规定民警开枪将在 24 小时内接受心理辅导矫治，这对于警察开枪后的心理防护是有重大意义的。武警部队可以借鉴警察的相关的心理防护制度，把开枪后的心理防护这块短板补齐。在开枪后的必要程序里除了报告制度外，也要加入心理防护程序。

第四章

武警违法使用警械武器的法律责任

第一节 现行的法律责任规定

武警使用警械武器可能存在以下"违法违纪"行为：一是在采取其他措施可以制止违法犯罪的情况下使用武器的；二是应当警告没有警告使用武器的；三是没有法定的使用武器的情况而使用武器的；四是犯罪已经得到制止或犯罪分子失去犯罪能力后继续使用武器的；五是法定不得使用的情形下使用武器的。武警违法使用警械武器可能产生的法律责任包括三种：民事法律责任、行政法律责任和刑事法律责任。

一、武警违法使用警械武器需要承担的民事法律责任

武警行使武器使用权，有严格的法律规定，如果违法行使，即是对相对人合法权益的直接侵害，构成侵权，应当承担侵权法律责任，而根据《侵权责任法》第 34 条第 1 款的规定："用人单位的工作人员因执行工作任务造成他人损害的，由用人单位承担侵权责任。"武警违法使用警械武器可

能侵犯的是公民的生命权或者健康权，或者公民、法人和其他组织的财产权。因此，武警违法使用武器所导致的民事赔偿责任应当由武警部队作为赔偿义务主体。对于武警在非执行任务过程中，擅自使用武器造成侵权的，侵权法律责任由行为人承担。《刑法》第36条规定："由于犯罪行为而使被害人遭受经济损失的，对犯罪分子除依法给予刑事处罚外，并应根据情况判处赔偿经济损失。承担民事赔偿责任的犯罪分子，同时被判处罚金，其财产不足以全部支付的，或者被判处没收财产的，应当先承担对被害人的民事赔偿责任。"这是刑事附带民事赔偿，刑法对被害人的保护优先于对犯罪人的惩罚。

二、武警警械武器使用的军事行政责任

（一）武警警械武器使用的军事行政责任概述

军事行政责任属于行政法责任中的一种形式，它是专门针对军人在履行职责过程中的违法行为而设定的一种特殊的行政法律责任。《人民武装警察法》第29条第2项规定人民武装警察不得违反规定使用警械、武器。武警警械武器使用的军事行政责任，是指在使用警械和武器过程中的武警违反军事行政法规而承担的法律责任。武警部队的军事行政机关根据《纪律条令》的相关规定对使用警械武器的违法人员作出行政处罚。

（二）武警警械武器军事行政责任的主要内容

根据《纪律条令》以及武警部队有关规章，武警警械武

器使用的军事行政责任主要包括以下内容：（1）违反规定使用警械和武器，情节较轻的，给予警告、严重警告处分；情节较重的，给予记过、记大过处分；情节严重的，给予降职、降衔、撤职、取消士官资格处分。（2）违反规定使用警械和武器，致人重伤、死亡，情节较轻的，给予警告，严重警告处分；情节较重的给予记过、记大过处分；情节严重的给予降职、降级、撤职、取消士官资格处分。（3）丢失执勤武器或者携带武器、弹药逃离哨位，情节较轻的，给予警告、严重警告处分；情节严重的，给予降级、取消士官资格处分资格。对于实施上述行为的人员，具有下列情形之一的，应当开除军籍：①已经构成危害国家安全罪的。②故意犯罪被判处5年以上有期徒刑、无期徒刑、死刑的。③被判处有期徒刑不满5年的人员，或者过失罪被判处5年以上有期徒刑的人员在服刑期间，或者被劳动教养的人员在劳动教养期间，抗拒改造，情节严重的。④违反纪律，情节严重，影响恶劣，已经丧失军人基本条件的。对于不适用上述开除军籍处分的已经构成犯罪、被依法追究刑事责任的人员，应当予以降职、降衔至撤职、除名处分。对于武警违法使用警械武器或者使用警械武器不当所造成的损失，法律规定可以获得相应的赔偿。《国家赔偿法》第2条规定："国家机关和国家机关工作人员行使职权，有本法规定的侵犯公民、法人和其他组织合法权益的情形，造成损害的，受害人有依照本法取得国家赔偿的权利。本法规定的赔偿义务机关，应当依照本法及时履行赔偿义务。"武警使用警械武器的行为属于职务行为，武警官兵类同于国家机关工作人员，因此，武警违法使用警械武器侵犯公民、法人和其他组织的合法权益造成损害的，受害人有依照《国家赔偿法》取得国家赔偿的权利。而赔偿机关则是使用警械武器的武警官兵所属的团以上单位。

三、武警警械武器使用的刑事责任

（一）武警警械武器使用的刑事责任概述

刑事责任是所有法律责任中性质最为严重、制裁也是最为严厉的一种形式。武警警械武器使用的刑事责任，但有时也可以是财产责任。这种刑事责任只能由军事法院来认定裁量，由武警部队的有关部门追究，而且承担责任的主体只能是犯罪行为的个人，而不能是武警部队单位。武警警械武器使用的刑事责任是指武警官兵在使用警械武器过程中，由于其犯罪行为而引起的法律责任，它主要是通过对犯罪判一定的刑罚来实现的。刑事责任是所有法律责任中最为严重、处罚也是最严厉的一种。刑事责任的大小是对犯罪处罚轻重的标准。武警部队在使用警械和武器时，如果有关人员的违法行为已严重侵犯我国社会主义社会的社会关系，具有严重的社会危害性，已经触犯了我国的刑事法律规定构成犯罪的，则应当追究行为人的刑事责任。

（二）武警警械武器使用的刑事责任的承担方式

在我国，刑事责任主要是通过对犯罪人进行定罪之后，对其判处一定的刑罚来实现的。目前我国刑法中对于刑罚的种类进行了非常明确的规定。武警违法使用警械武器情节严重构成武器装备肇事罪、过失致人死亡罪、故意伤害罪、过失致人重伤罪的，依据《刑法》第436条、第233条、第234条和第235条追究刑事责任。而除了刑罚之外，还可以对犯罪分子处以非刑罚的处理。《刑法》第36条、第37条规定了刑罚之外的判处赔偿经济损失的规定。即，如果在犯罪情节较轻的情况下，也可以不判处刑罚，而是要求犯罪分子通过经济上赔偿损失，或者通过行政处罚等其他方式来承担自己的责任。

(三) 武警警械武器使用的刑事责任的主要内容

1. 违反规定使用警械武器，致人重伤、死亡的

在执勤和处置突发事件时违反规定使用警械武器，情节严重，因而发生责任事故，致人重伤的、死亡或者造成其他严重后果的，应依照《刑法》第436条的规定，以武器装备肇事罪，处3年以下有期徒刑或者拘役；后果特别严重的，处3年以上7年以下有期徒刑。如果行为人故意杀人或者伤害他人的，则应分别根据《刑法》第232条或者《刑法》第233条的规定以故意杀人罪或者故意伤害罪对其进行量刑。

2. 遗失执勤武器或者携带武器、弹药逃离哨位

根据《刑法》第441条的规定武警部队执勤人员遗失执勤武器、弹药逃离哨位的，根据《刑法》第435条规定，应当以逃离部队罪处以3年以下有期徒刑或者拘役。

3. 失职渎职行为，临阵脱逃

按照《刑法》第451条第2款规定，部队执行戒严任务或者处置突发性暴力事件时，属于执行军事行动，官兵必须

牢记军人的职责和使命，服从上级指挥，如果发生违令不遵、临阵逃脱、延误战机、失职渎职等行为，就会构成军人违反职责罪的相关罪名，受到法律严惩。现实中武警官兵在处置暴力事件在临战状态下，有些战士的心理素质较弱，产生胆怯、恐惧、紧张等心理，手中有武器，却不敢使用的现象。必须培育锻造武警官兵实战化，遇到紧急情况，不畏生死、临危不惧、处险不惊和服从命令、敢打必胜的铁律意识，始终保持引而待发的战斗状态，确保一声令下，敢于亮剑、克敌制胜。现实中我们有因为战士迟疑使用枪支导致群众或者战友失去生命的案例，这都是血的教训，一定要防微杜渐。

第二节 现行法律责任规定存在的问题

一、刑事责任判定的客观化取向

刑事责任判定的客观化取向，是指在判定是否需要承担刑事责任时只看行为所造成的结果是否符合刑法的要求，而不看行为时的主观心理状态如何。表现在武警使用警械武器方面，就是指如果武警使用警械武器造成了无辜公民的伤亡，不管当时他的主观心理状态是故意，还是重大过失，还是轻微的过失，都要追究其刑事责任。这种偏向于从客观的角度来认定刑事责任的做法，既有违反主客观相统一的定罪原则，也忽视了使用警械武器的高风险，没有给予高风险的职务行为应有的法律保障，最终会导致武警官兵在使用警械武器时畏首畏尾，长期下去，可能会影响到武警各项任务的完成。

二、用行政责任替代刑事责任

武警违法使用警械武器可能产生的行政责任和刑事责任有很大的差异，行政责任程度轻，刑事责任性质严重。行政责任的追究机关是武警内部的行政机构，刑事责任的追究机关是军事司法机关。一旦，武警因为违法使用警械武器被追究了刑事责任，不仅意味着其个人在军队的前途将化为乌有，其所在单位的安全稳定工作也被否定。因此，单位领导往往比较忌讳追究违法使用警械武器的武警官兵的刑事责任。司法机关具有被动性的特点，不可能主动介入案件。下面部门如果有意隐瞒，军事司法机关便无从得知案件的存在。因此，部队在有些时候会将大事化小，小事化了，用行政责任替代刑事责任。当然，对受害人的赔偿不能免除。用行政责任代替刑事责任危害较大，对受害人来说显失公平。一个应当被追究刑事责任的武警最终只是轻描淡写地被处于内部的行政处分，受害人内心会感觉受到了再次伤害，由此还可能会引发上访等事件，反而影响部队的安全稳定。

三、缺少武警使用警械武器行为的职务豁免制度

我国目前没有设立武警使用警械武器行为的职务豁免制度。世界各国在使用武器方面的规定虽然有很大的差异，但是，职务行为受到法律保护却是许多国家的通例。第一，使用武器是行使国家权力的行为。人在履行职务时如果出现差

第四章　武警违法使用警械武器的法律责任

错,而该差错的出现既有客观上职业特殊性的原因,也有履行职务的人主观的疏忽,此时引发的后果如果仅仅要求个人承担有失公允。第二,使用武器是有技术风险的行为。警察在任务中通常会被要求能够射击对象的次要部位就不击其要害。如果射击的对象处于静止状态,要做到这一点不太困难。但是,如果对象是移动的,情况就不一样了。根据科学分析,人在移动时,四肢的速度是身体速度的数倍,就是狙击步枪也无法准确打击。所有的军警射击,只能选择人体中目标最大、移动速度最慢的部分——上半身躯干。军人和警察训练用的靶纸大都是这一种形状。但是躯干恰恰是致命的地方。从技术上来说,我们应该射击躯干。而从法律要求来说,尽量不打躯干。这是实践中的两难。武警面临很大的技术风险。如果有职务豁免,武警可以在一定程度上减少使用武器的后顾之忧。

职务豁免具有重要的意义。第一,要承认警察在履行职务时的高风险。既有自己的生命受到威胁的风险,也有判断失误的风险,还有使用武器误伤无辜公民的风险。在如此多的风险之下,如果没有职务豁免,警察就会在开枪前多一分犹豫,少一分果断。第二,要认识到职业的特殊性对于履行职务人的高要求。使用武器对警察的要求非常高:极强的判断能力,极好的射击精度,极其稳定的心理素质等。只要其中一个条件较弱,使用武器的风险实际发生的可能性就较大。在当前,对警察使用武器的训练相对还比较弱的情况下,法律不能苛求警察防卫的时机、情节,尤其是损害程度,而忽视警察履职行为的特殊性,忽视对警察这一特殊职业群体履行职责的有效保护。第三,确保执法者安心执法,同时为出现的意外提供最低限度的保护。只有职务豁免可以为警察解除后顾之忧,只要在任务现场是基于保护合法的生命权益,武警判断需要使用武器,他就可以理直气壮地履行职责。

第三节 武警使用警械武器的法律责任规范的完善

一、设立合理的刑事主客观判定标准

对于武警违法使用警械武器可能造成的刑事责任进行判断需要遵循主客观相一致的标准,不仅要有作为客观内容的危害结果,还要有作为主观内容的罪过。其中,作为危害结果的客观内容需要进行严格的限定,除了人身的重大伤亡和财产损失外,轻微的人身损伤和轻微的财产损失并不应当成为认定刑事法律责任的客观标准。在主观内容方面,只有当使用警械武器的武警官兵属于故意或者重大过失造成无辜公民的人身伤亡或者重大财产损失时,才能认定刑事法律责任。对于故意或者重大过失这两种罪过形态必须进行严格的限定。总而言之,认定武警违法使用警械武器的刑事责任必须慎之又慎,严之又严。这不仅是由于使用警械武器行为的高风险性决定的,也由刑事责任认定对责任人可能带来的风险决定的。

设立合理的刑事主客观判定标准可以让武警官兵在使用

警械武器时有一个比较良好和稳定的心理状态，专心于执行任务，而不必纠结于使用不当可能遭受刑罚的处罚这一悲剧性结果，从而确保武警部队能够圆满完成国家赋予的各项安全保卫任务。

二、强化监督，让行政责任和刑事责任各司其职

行政责任和刑事责任具有各自的功能。武警部队应当强化对武警使用警械武器行为的监督，在执行任务之前进行使用警械武器的宣传教育，在执行任务的过程中对使用警械武器进行及时恰当的引导，在执行任务结束后及时对使用警械武器的情况进行总结，及时发现违法和不当使用警械武器的情形，及时启动相关的调查程序，根据违法违纪行为的轻重进行相应的处理。属于应当进行行政处理的，按照行政处理程序进行；属于应当接受刑罚处罚的，移交军队司法机关处理。只有这样，才能确保官兵对使用警械武器有正确的认识，对违法使用警械武器可能造成的不良后果有更好的防范，而部队安全稳定才更有保障，从而确保圆满完成各项安全保卫任务。

三、赋予武警使用警械武器行为的职务豁免权

刑法可以赋予武警使用警械武器行为的刑事豁免权，武警处置的任务大多是突发事件，有时候面对穷凶极恶的暴恐分子，武警在为保护人民生命财产安全或者自身生命安全的情况下，可以果断使用警械武器，尤其是使用武器。由于使

用武器是一个风险极高的职务行为，为了免除武警使用警械武器时的后顾之忧，法律应当为其提供坚实的制度保障，其中一个重要的保障就是赋予武警使用警械武器行为的职务豁免权。如何设定职务豁免条款？我们可以借鉴他国法律，作出如下设定：武警使用武器，非因故意或重大过失致人伤亡，不承担法律责任。武警合法使用武器造成的公民人身和财产损失由武警所在单位承担赔偿责任。武警经合法程序被认定为非法使用武器，造成财产损失的，承担民事赔偿责任；造成人身伤亡的，承担刑事责任。

第五章
武警遂行任务的警械武器运用

第一节 执勤任务中武警警械武器的运用

一、执勤任务中，使用警械武器有哪些法律依据

《人民武装警察法》第22条规定，人民警察执行执勤任务使用警械武器，依照人民警察使用警械和武器的规定以及其他有关法律、法规的规定执行。根据《人民警察使用警械和武器条例》和武警部队《处置突发事件规定》等相关规定，为制止严重违法犯罪活动的需要，遇有下列情形之一，经警告无效的，可以使用警棍、催泪弹、高压水枪、单兵喷射自卫器、网枪、特种防暴枪等驱逐性、制服性警械：①结伙斗殴、殴打他人、寻衅滋事、侮辱妇女或者进行流氓活动的；②聚众扰乱车站、码头、民用航空站、运动场等公共场所秩序的；③非法举行集会、游行、示威的；④强行冲越人民警察为履行职责设置的警戒线的；⑤以暴力方法抗拒或者阻碍人民警察依法履行职责的；⑥袭击人民警察的；⑦危害

公共安全、社会秩序和公民人身安全的其他行为,需要当场制止的;⑧法律、行政法规规定可以使用警械的其他情形。上述行为使用警械,应当以制止违法犯罪行为为限度:当违法犯罪行为得到制止时,应当立即停止使用。遇有违法犯罪分子可能脱逃、行凶、自杀、自伤或者其他危险行为的,或抓获违法犯罪分子或者重大犯罪嫌疑人的;或协助公安机关执行逮捕、看押、押解时,经警告无效的,可以使用手铐、脚镣、警绳等约束性警械。武装巡逻人员对于聚众闹事,暴力抗法行为时,可以使用警械武器。上述情形使用警械不得故意造成人身伤害。武警部队在执行武装警戒任务时,可以依据《监狱法》第46条的规定:"人民警察和人民武装警察部队的执勤人员遇有下列情形之一,非使用武器不能制止的,按照国家有关规定,可以使用武器:(一)罪犯聚众骚乱、暴乱的;(二)罪犯脱逃或者拒捕的;(三)罪犯持有凶器或者其他危险物,正在行凶或者破坏,危及他人生命、财产安全的;(四)劫夺罪犯的;(五)罪犯抢夺武器的。使用武器的人员,应当按照国家有关规定报告情况。"

二、执勤任务中,使用警械武器的原则和总体要求

(一)把握的原则

武警部队是国家武装力量的重要组成部分,其执勤任务中有大量的军事行政强制职能,依法使用警械武器是《人民武装警察法》等相关法律的规定。因此,执勤任务中,对武器警械的使用,有严格的法律规定。《人民武装警察法》第

第五章 武警遂行任务的警械武器运用

22条规定:"……人民警察使用警械和武器的规定以及其他有关法律、法规的规定执行。"这里的"有关法律、行政法规"指的是《人民警察使用警械和武器条例》。该条例第4条规定:"人民警察使用警械和武器,应当以制止违法犯罪行为,尽量减少人员伤亡、财产损失为原则。"[1] 因此,武警官兵执勤时使用警械武器要以必要为限度,选择有利于情况处置的时机和方法使用警械和武器。不仅要防止使用武器导致和人民群众矛盾激化,也要防止过度使用武力导致的损害后果。[2] 随着武警职能任务的不断拓展,武警部队对于执勤人员开始配枪,这对执勤官兵的执法水平提出了很高的要求,武警官兵对法律政策的理解和运用,如何保证完成任务与人权保障的共赢,打击犯罪与保护群众的界限,以及官兵武器使用的强度问题都决定了部队能否圆满完成任务。武警在执行警戒任务时候,一定要牢牢记住,使用警械武器的程序要求,在犯人有脱逃出警戒线时,可以鸣枪警告,警告无效后,先击非次要部位,只有还不能制服的时候才会采取击毙的措施。但是,很多情况下,可能情况紧急,犯人有暴力袭击的情况,武警和公安的生命受到紧迫的危险,能使用警械可以制服,就不使用武器,在使用警械无效的情况下,枪支有可能被抢夺的情况,可以果断使用武器。

---

[1] 高瑞祥:"论人民警察使用武力防卫过当的刑法适用",载《武警学院学报》2019年第9期。

[2] 和芳:"利益型群体事件处置问题探索",载《中共云南省委党校学报》2011年第2期。

(二) 执勤卫兵使用武器的情况

卫兵在紧急情况下使用武器是履行职责的要求，严格准确地执行条令规定，对必须使用武器加以警告和制止的人使用武器，可以有效保护警卫目标的安全。《内务条令》明确规定，卫兵不容侵犯。执勤卫兵有开枪的权力，但也必须受到使用武器的严格条件限制。为了保证首长、机关、部队和装备、物资、重要军事设施的安全，防止遭受袭击和破坏，担负警卫任务的卫兵必须提高警惕认真履行职责。一切人员必须按照卫兵勤务规定所提出的要求执行。对于妨碍执勤的行为，卫兵应予以制止；当警卫目标的安全受到威胁时，必须采取有效措施，迅速处置；在判明警卫目标遭受袭击并将造成严重后果，非使用武器不足以制止时，可以使用武器；当卫兵人身安全受到威胁时，有权实施正当防卫。[1]《军事设施保护法》规定军事设施管理单位和执勤人员在危及军事设施安全或者执勤人员生命安全等紧急情况下，可以使用武器。卫兵在紧急情况下使用武器，是切实保护警卫目标和卫兵安全的重要措施，同时也是一种政策性很强的规定。卫兵执行使用武器的规定，应该注意把握四点：①必须在危及警卫目标安全或卫兵人身安全的紧急情况下才能使用武器，不发生这些情况，不能使用武器；②使用武器必须针对危及警卫目标或卫兵人身安全的人，而不能针对其他人员；③必须在采取其他方法制止不能起作用，除使用武器之外无法制止

---

〔1〕 汪保康："军人正当防卫论"，载《法学天地》1997年第2期。

的情况下，才能使用武器；④执勤卫兵一定要有高度的责任心，熟悉并遵守卫兵守则，严格执行卫兵使用武器的规定，特别是在条件允许的情况下，应对是否使用武器及时请示报告，违反条令规定的，在不该使用武器的情况下使用武器，就可能造成严重后果，特别是不明时机随便开枪，产生后果和影响更为严重，卫兵本人也可能因此承担责任。

三、执行任务中，收集、保留、固定证据的重要性及方法手段

武警官兵在执行勤务时，要注意依法收集、固定、保留证明不法分子违法犯罪的证据，是追究违法犯罪分子责任的重要前提和基础。依法收集、保留、固定工作，对于开展法律防护，法律打击有很重要的作用。

第二节 武警处置群体事件中警械武器的运用

一、处置群体性事件时，使用警械有哪些法律依据

根据《人民武装警察法》《人民警察使用警械和武器条例》等相关规定，参照《人民武装警察法释义及适用指南》《人民武装警察依法采取措施规范》等规定，武警部队应当以圆满完成处置突发社会安全事件，打击犯罪，保卫人民生命财产安全为原则，根据《人民武装警察依法采取措施规范》，使用警械武器必须把握以下问题：在处理人民内部矛盾引发的群

体性事件中，严禁使用杀伤性武器，主要可以使用警械。这样更容易降低矛盾的激化，赢得人心，让公民更加愿意配合执法者的要求。《人民武装警察法》第22条规定，人民武装警察在处置群体事件任务中使用警械武器，依照人民警察使用警械和武器的规定以及其他有关法律、法规的规定执行。根据《人民警察使用警械和武器条例》：①结伙斗殴、殴打他人、寻衅滋事、侮辱妇女或者进行流氓活动的；②聚众扰乱车站、码头、民用航空站、运动场等公共场所秩序的；③非法举行集会、游行、示威的；④强行冲越人民；为履行职责设置的警戒线的；⑤以暴力方法抗拒或者阻碍人民警察依法履行职责的；⑥袭击人民警察的；⑦危害公共安全、社会秩序和公民人身安全的其他行为，需要当场制止的；⑧法律、行政法规规定可以使用警械的其他情形。上述行为使用警械，应当以制止违法犯罪行为为限度；当违法犯罪行为得到制止时，应当立即停止使用。

二、处置群体性事件时，使用警械武器的原则和总体要求

群体性事件往往社会关注程度高，群体性事件性质一般是人民内部的一些矛盾，暴力冲突性、对抗性不是很强，这时我们更适合使用警械来处置情况。使用警械是处置行动中具有打击性和威慑力的手段，依法合理使用可以有效打击犯罪、震慑周边、影响全局；否则，不仅给处置对象带来不可逆转的人身损害甚至生命威胁，还容易激化矛盾、扩大事态。

武警官兵在处置群体性事件中一定要严格遵守法律的规定和程序，将损害后果控制在最低程度。

（一）官兵在处置群体事件中警械使用问题

《人民武装警察法》第22条规定："人民武装警察执行执勤、处置突发社会安全事件、防范和处置恐怖活动任务使用警械和武器，依照人民警察使用警械和武器的规定以及其他有关法律、法规的规定执行。"这里的"有关法律、法规"，主要是指《人民警察使用警械和武器条例》。该条例第4条规定："人民警察使用警械武器，应当以制止违法犯罪行为，尽量减少人员伤亡、财产损失为原则。"因此，官兵遂行任务时依法使用警械要以"必要"为限度，选择最有利于解决主要矛盾的时机和方法使用警械。"既要防止使用不当而激化矛盾，也要防止当用不用而使事态失去控制"，在处置人民内部矛盾引发的群体性事件时，应当根据中央指示精神严禁使用杀伤性武器。如《芬兰警察法》第4条对警察使用警械限制执法人员的人身自由，应当告知当事人。如在某地，因非法集资问题，上千名群众非法聚集，引发群体性事件，围攻处置的执法人员，虽然情势十分危急，但是指挥人员考虑到闹事人群中有许多老人、妇女。针对执法对象老人、妇女的特殊性，指挥员果断提出不使用警械武器原则，改用对人群进行耐心劝导、劝阻无效后进行人群驱散，有效避免了人民内部矛盾激化导致引发的更大规模的群体性事件。依法慎重使用警械，也绝不能把"必要"理解为"不使用警械武器"，当符合使用警械的法定条件时，使用警械也是"必要"

的，如根据《人民武装警察法》及《人民警察使用武器和警械条例》的相关规定，武装警察在处置突发社会安全事件时，遇有以暴力方法抗拒或者阻碍武警部队依法履行职责，危害公共安全、社会秩序和公民人身安全的行为需要当场制止等情形下，经警告无效的，可以使用驱逐性、制服性警械。在处置某群体事件中，面对数百名闹事群众持器械强行冲过警戒线，进行打砸抢烧，部队迅速做出判断，果断使用武器催泪弹，同时对闹事人群进行强行驱散和控制带离。另一起群体事件中，少数闹事人员，围堵指挥部，手段更加激烈，与阻截官兵对峙非常强烈。部队前指及时向联指提出建议，果断向部队发出驱散命令，一次性用足兵力，对闹事群众强行驱散，有效打击了闹事分子的嚣张气焰，对后期事态的稳定起到了决定性的作用。当然，国外处置此类事件的方法也可借鉴。如芬兰警察在行使职权时候本着客观和正确的态度，创造一种和解的气氛。在执行公务时，警察应尽力通过说服，请求和命令的方式来维持社会公共秩序。对扰乱社会秩序，堵塞交通的行为有权采取强制措施疏散人群，这里讲的主要就是驱散性非杀伤性警械。在执法过程中遇到对执法反抗的情况，警察可以使用必要的强制措施。

三、执行任务中，收集、保留、固定证据的重要性及方法手段

武警部队处置群体事件的任务不仅仅是打击犯罪，保持

第五章 武警遂行任务的警械武器运用

社会稳定。武警更多是执法为民，让被裹挟和不明真相的群众认识到少数不法分子的险恶用心。因此，在处置行动中必须高度重视收集不法分子的犯罪证据，这项工作必须要贯穿于整个处置行动的始终，武警要积极配合公安机关严格按照法定程序收集书证、物证和证人证言，同时要重视收集视听资料，特别是要收集闹事组织者和骨干分子不法行为的证据。在处置某游行事件中，武警部队面对个别不法分子的挑衅，始终保持克制、理性。同时，我们也对真实的现场的情况进行证据固定。将拍摄的不法分子打砸抢行为和武警官兵依法行动、克制忍让的处置过程及时报送地方党委政府，并在新闻媒体和网络平台持续发送，使群众通过现场实证，深入了解少数参与者行为的非理性和武警部队威武之师、文明之师的良好形象，引导群众合法表达爱国热情，理解配合武警部队执法行动，为恢复社会秩序创造了良好的舆论环境。另外，我们还要对官兵处置全过程进行摄录像，证明现场处置是依法进行，并配合公安机关及时锁定非法拍照、摄像人员，择机将其带离现场，收缴器材和摄录资料，掌握法律主动。还有要重视抓捕现行犯，在不法分子实施犯罪的现场对其实施抓捕便于收集证据和今后实施依法惩处。对收集到的证据要做好两方面的工作。一方面要对武警官兵收集上来的证据进行分析和筛选。武警官兵要去除没有证明力的证据。另一方面是明确上报方式。部队提交政府有关部门，让一手证据迅速为公众知晓，让大家明辨是非。

第三节　处置暴乱骚乱武警警械武器的运用

一、处置暴乱骚乱时，使用警械有哪些法律依据

构建完善的法律运用体系，做好开展运的准备并依法有效开展，争取法理优势，确保事件妥善处置得当。这类法律法规内容往往与武警部队遂行处置暴乱、骚乱事件相关，需要重点掌握的主要有：

（1）《宪法》。是我国根本大法，武警部队处置暴乱、骚乱事件必须以宪法为根本活动准则。《宪法》第 29 条规定，国家武装力量的任务是巩固国防，抵抗侵略，保卫祖国，保卫人民的和平劳动，参加国家建设事业，努力为人民服务。

（2）《国防法》。规定了我国国防与武装力量建设的基本问题，是武警部队处置暴乱、骚乱事件的基本遵循。《国防法》第 22 条第 3 款进一步明确规定，武警部队在国务院、中央军事委员会的领导指挥下，担负国家赋予的安全保卫任务，维护社会秩序。

（3）《刑法》。该法第 104 条规定："组织、策划、实施武装叛乱或者武装暴乱的，对首要分子或者罪行重大的，处无期徒刑或者十年以上有期徒刑；对积极参加的，处三年以上十年以下有期徒刑；对其他参加的，处三年以下有期徒刑、拘役、管制或者剥夺政治权利。策动、胁迫、勾引、收买国家机关工作人员、武装部队人员、人民警察、民兵进行武装

叛乱或者武装暴乱的，依照前款的规定从重处罚。"

（4）《戒严法》。该法第2条规定："在发生严重危害国家的统一、安全或者社会公共安全的动乱、暴乱或者严重的骚乱，不采取非常措施不足以维护社会秩序、保护人民的生命和财产安全的紧急状态时，国家可以决定实行戒严。"第8条规定："戒严任务由人民警察，人民武装警察执行；……"第17条规定："……在非常紧急的情况下，执行戒严任务的人民警察、人民武装警察、人民解放军的现场指挥员可以直接决定临时征用，地方人民政府应当给予协助。实施征用应当开具征用单据。前款规定的临时征用物，在使用完毕或者戒严解除后应当及时归还；因征用造成损坏的，由县级以上人民政府按照国家有关规定给予相应补偿。"第21条第1款规定："执行戒严任务的人民警察，人民武装警察和人民解放军是戒严执勤人员。"第四章规定了戒严执勤人员的职责，对违反相应戒严规定人员有权实施检查、扣留、搜查、拘留使用警械强行制止、驱散、强行带离现场、逮捕以及在特别紧急情形下使用枪支等武器。第31条规定："在个别县、市的局部范围内突然发生严重骚乱，严重危及国家安全、社会公共安全和人民的生命财产安全，国家没有作出戒严决定时，当地省级人民政府报经国务院批准，可以决定并组织人民警察、人民武装警察实施交通管制和现场管制，限制人员进出管制区域，对进出管制区域人员的证件、车辆、物品进行检查，对参与骚乱的人可以强行予以驱散、强行带离现场、搜查，对组织者和拒不服从的人员可以立即予以拘留；在人民警察、人民武装警察力量还不足以维持社会秩序时,可以报请国务院向中央军事委员会提出,由中央军事委员会决定派出人民解放军协助当地人民政府恢复和维持正常社会秩序。"

(5)《人民武装警察法》。该法第 16 条规定,人民武装警察部队参与处置动乱、暴乱、骚乱、非法聚集事件、群体性事件等突发事件,主要担负 5 项任务。第 19 条规定,人民武装警察对聚众扰乱社会治安秩序、危及公民人身财产安全、危害公共安全或者执勤目标安全的,采取必要措施予以制止、带离、驱散。《人民武装警察法》的相关规定,进一步明确了武警部队具有处置暴乱、骚乱事件法定职权,同时明确了官兵在执行任务中具有检查、巡逻查验、交通和场管制、驱散、侦察、控制、优先通行、临时使用、搜查、使用警械武器十项执法权,同时,《人民武装警察法》还对官兵在遂行任务应当履行的义务、注意事项、违反职责的法律责任、相关保障等问题了明确,为部队处置暴乱、骚乱事件提供了基本法律遵循和坚强法律保障。

(6)《集会游行示威法实施条例》。该条例第 23 条规定:"依照《集会游行示威法》第二十七条的规定,对非法举行集会、游行、示威或者在集会、游行、示威进行中出现危害公共安全或者严重破坏社会秩序情况的,人民警察有权立即予以制止。对不听制止,需要命令解散的,应当通过广播、喊话等明确方式告知在场人员在限定时间内按照指定通道离开现场。对在限定时间内拒不离去的,人民警察现场负责人有权依照国家有关规定,命令使用警械或者采用其他警用手段强行驱散；对继续滞留现场的人员，可以强行带离现场或者立即予以拘留。"

(7)《人民警察使用武器和警械条例》。该条例第3条规定："本条例所称警械，是指人民警察按照规定装备的警棍、催泪弹、高压水枪、特种防暴枪、手铐、脚镣、警绳等警用器械；所称武器，是指人民警察按照规定装备的枪支、弹药等致命性警用武器。"第4条规定："人民警察使用警械和武器，应当以制止违法犯罪行为，尽量减少人员伤亡、财产损失为原则。"第三章和第四章分别对使用警械武器的权利和程序进行了明确。第16条规定："中国人民武装警察部队执行国家赋予的安全保卫任务时使用警械和武器，适用本条例的有关规定。"

二、处置暴乱骚乱，使用警械和武器的原则和总体要求

（一）把握原则

武警官兵在处理暴乱和骚乱问题上，必须慎用武力、准确把握处理的时机和武力打击的程度，最低限度的使用武力，运用政治攻势军事威胁等手段完成任务。《人民武装警察法》第12条规定了用兵的审批原则，指挥关系、职责权限和运行机制组织实施。还规定了遇有重大灾情、险情或者暴力恐怖事件等严重威胁公共安全或者公民人身财产安全的紧急情况，人民武装警察部队应当依照中央军事委员会有关规定采取行动并同时报告。必须使用武力时，根据上级命令，能够及时、有效地制止暴力犯罪行为，达到平息事态的基本目的限度。

如若国家利益和人民生命财产安全受到不法侵害或者武警官兵的生命安全受到威胁时，需要采取自卫或者反击措施的时候，使用武力时，要尽量使用非致命性武器，特殊情况下可以使用武器，但武器使用一定要符合法定的程序和条件，合法合规的使用。制止骚乱阶段，在宣传疏导的基础上，只使用非杀伤性武器攻击实施暴力袭击的犯罪分子，依法果断予以抓捕。由于用武正确、适度，既圆满完成了任务，又规避了因用武力不当而可能造成的不良影响。

根据人民武装警察依法采取措施的相关规范，使用警械武器必须把握以下问题，在处置暴乱骚乱等严重暴力犯罪事件中，严格依据法律规定和上级指示使用警械武器。在处置大规模的群体事件时，通常使用警械，在警械无法制止事态恶化时，考虑用非致命性武器处置，如果还是不能震慑暴恐分子，制止犯罪就要考虑使用武器；使用武器必须经上级批准，听从上级下达的命令；当发生打、砸、抢、烧等不使用武器不能制止犯罪的紧急情况时，现场最高指挥员可根据事态，依照法律规定，果断下达使用武器命令，边行动边报告，或先行动后报告。在常规执勤中，执勤人员依据法律规定，按照上级批准的执勤方案使用武器，通常按照口头警告、鸣枪警告、击其次要的程序进行。处理涉外事件需要使用武器警械时，严格按照国际法和国内法有关法律规定执行。

（二）区分瓦解问题

暴乱骚乱事件的参与人员类型各异，行为违法性质不同，如果不能区分对待，则会影响处置行动的效果，因此法律攻

第五章　武警遂行任务的警械武器运用

势的实施必须区分层次，从违法的程度来划分，可以把一般违法行为与严重犯罪行为区分开来，从主体发挥作用的不同，我们把组织者、积极参与者、被胁迫者区分开来，做到渗透剥离、突出重点、打击首恶，这样才能占据主动、抢得先机。对于不明真相、瞎起哄、凑热闹的"围观者"，要采用"善待群众、教育疏导"等手段，以宣传法律法规而规劝，以揭露不法分子的阴谋企图，晓其理、明其害，促其分清是非，劝其自觉离场；对被胁迫参与者的"附和层"，要采用"法律宣传、告诫启发"等手段，重点宣传法律法规和违法必究的基本道理，向其传递震慑信息，迫使其产生动摇和退缩，打消继续参与闹事的念头，其向"核心层"倾斜；对组织策划者和积极分子等"核心层"，要"扬威慑止、法律惩戒"等手段，发动全方位、多层次的立体法律攻势，反复宣传党和政府平息事态的坚定决心，暴力犯罪所受的法律制裁以及部队执法护法的威武形象等，步步为营、步步紧逼，以政策引导促其恢复理智，以法律的震慑促其自我约束，以部队的威武形象促其保持克制，完全瓦解其心理防线，摧毁其反抗意志。对于混杂人群中实施暴力抗法、打砸抢等犯罪分子，要果断打击，坚决严惩。比如2014年11月1日，在法国图卢兹，示威者与警方发生冲突。当地民众进行示威，抗议21岁示威青年弗雷斯在冲突中丧生。报道称，初步验尸结果显示，在死者衣服上发现TNT炸药痕迹，怀疑他是被执行警方防暴任务的宪兵击毙。宪兵们受到了投掷石块、燃烧弹和螺钉的攻击。然后采取的扔进攻性手榴弹是不是属于过当的行为引起争议。事件震惊全法,引发大规模的暴乱和骚乱。武器使用是一个非常敏感的话题,稍有不慎就会造成很大的社会影响。

三、执行任务中,收集、保留、固定证据的重要性及方法手段

暴、骚乱事件是国内外媒体关注的焦点,西方某些居心叵测的媒体造谣、污蔑部队处置的暴、骚乱事件事件的合法性。部队在处置暴、骚乱事件中要严格按照法律赋予的职权行使,公开、透明、公正,防止不当执法过程中授人以柄。武警官兵在执行任务过程中一定要注意收集证据,对不良媒体予以反击。同时,搜集违法事实和证据,也是为了更好实施法律打击、应对和事后依法惩治犯罪分子奠定基础。武警部队遂行处置暴乱、骚乱事件行动时,进一步收集犯罪分子的违法证据,一线官兵要加强证据意识,熟悉法定证据种类,明确收集、保留、固定证据的方式、方法、利用保存实物、录音、录像、文字记录等方式采取合法程序收集保存犯罪分子的违法证据。

第四节 反恐任务中武警警械武器的运用

一、处置反恐事件时,使用警械武器有哪些法律依据

(一)《反恐怖主义法》

这部 2014 年新制定并颁布的专门性反恐法律明确规定:

国家建立专门的反恐怖主义工作机构和力量，协调、动员所有国家机关、武装力量、社会团体、企事业单位和个人，[1]共同开展反恐怖主义工作。明确了由国家和地方反恐怖主义工作领导机构组织具体协调所属各成员单位以及驻地解放军、武警部队、民兵组织开展反恐怖主义工作。赋予武警部队履行下列职责：（1）实施国家规定的警卫对象、目标和其他重大安全保卫任务的武装警卫和其他重要目标的武装警戒、守卫；（2）参加巡逻，发现、制止恐怖主义活动；（3）参加恐怖主义事件的处置和救援任务，协助维护现场秩序；（4）按照公安机关的部署执行反恐怖主义任何时向相关单位和人员了解有关情况或者在现场实施必要的侦察；[2]（5）国家赋予的其他反恐怖主义任务。

（二）《突发事件应对法》

该法规定军队、武警部队和民兵组织依照本法和其他有关法律、行政法规、军事法规的规定以及国务院、中央军委的命令，参加突发事件的应急救援、安全警卫和处置工作。

（三）《戒严法》

该法第8条规定："戒严任务由人民警察、人民武装警察执行；必要时，国务院可以向中央军事委员会提出，由中央军事委员会决定派出人民解放军协助执行戒严任务。"

---

[1] 李恒："当前中国面临的恐怖主义态势、特点与应对策略"，载《山东警察学院学报》2019年第6期。

[2] 张瑶："浅谈武警部队遂行反恐任务中职权运用与人权保障之平衡"，载《军事政治学研究》2017年第4期。

(四)《人民武装警察法》

2009年8月27日第十一届全国人民代表大会常务委员会第十次会议通过，2020年6月20日第十三届全国人民代表大会常务委员会第十九次会议修订。该法第4条规定人民武装警察部队担负执勤、处置突发社会安全事件、防范和处置恐怖活动、海上维权执法、抢险救援和防卫作战以及中央军事委员会赋予的其他任务。《人民武装警察法》第17条规定："人民武装警察部队参与防范和处置恐怖活动，主要担负下列任务进行了梳理：（一）实施恐怖事件现场控制、救援、救护，以及武装巡逻、重点目标警戒；（二）协助公安机关逮捕、追捕恐怖活动人员；（三）营救人质、排除爆炸物；（四）参与处置劫持航空器等交通工具事件。"

二、处置反恐事件时，使用警械武器的原则和总体要求

武警是国家的武装力量的组成部分，反恐行动针对的是暴恐分子，暴力的对抗性显著增强，体现出更多的军事属性，遂行反恐任务既是一场军事杖，也是一场法律杖，两者相辅相成。因此，官兵在执行任务过程中既要严格守法，依法规范处置行动，又要充分发挥法律攻势，抢占法理制高点，为军事行动提供有力保障。对没有现实危险性的人员使用约束性警械；非紧急情况下适用警械、武器，不按照"口头警告、明枪警告、击其次要"等程序进行；非紧急情况下，未得到现场指挥员的命令或未经同意，擅自适用警械、武器；犯罪分子失去抵抗能力时或者放弃犯罪时，不应当使用警械

第五章 武警遂行任务的警械武器运用

武器。只有在不使用武器可能会造成更加严重后果的情况下；如在处置劫持人质等暴力事件时，根据上级的命令指示，武警可依法使用武器。执行任务中，要收集、保留、固定证据。俄罗斯特种部队在反恐行动中处置别斯兰学校的儿童事件时，俄军将用于常规作战的武器投入到了劫持人质的解救任务中，装甲车和主战坦克引发了体育馆的爆炸，造成了人员的大量死伤。俄军采取对暴恐分子打击的同时，忽视了体育馆里作为人质的大量儿童生命权的保护。所以，军方采取警械或者武器去执行相应的任务，一定要挑选最恰当的方式，最有利于人质安全的方式。这是有深刻教训的。再比如莫斯科剧院事件，部队使用高强度的麻醉气体通过通风系统进入剧院，由于麻醉比例配置不当，导致人质和劫匪同时出现大范围的因吸入过量的麻醉剂死亡，军方对人群个人体质差异的误判，导致了很大伤亡后果，以人质大量非战斗性死亡为代价，选择这样的方式解救是存在争议的。美军陆战队在作战时通常会把非致命性武器用于城市军事行动。城市军事行动，往往混杂着作战人员和平民，很容易误伤平民。美军就指出非致命警械武器，主要是指暂时使对方丧失作战能力来控制犯罪分子的非致命性武器。比如防暴面具、步枪手的作战光、豆袋弹、橡胶子弹、骚乱控制剂、化学标记设备。

（一）武警执行反恐任务中可以使用武器的情形

《人民武装警察法》规定，武警执行安全保卫任务使用警械武器，依照人民警察使用警械和武器的有关法律、行政法规的规定执行。根据《戒严法》《监狱法》《人民警察使用警械和武器条例》《防暴条令》等相关规定，遇有下列特别紧急情形之一，使用警械无法制止时，执勤人员可以使用枪支等武器：公民或者执勤人员的生命安全受到暴力危害时；拘留、逮捕、押解人犯，遇有暴力抗拒、行凶或者脱逃时；遇暴力抢夺武器、弹药时；警卫的重要对象、目标受到暴力袭击，或者有受到暴力袭击的紧迫危险时；在执行消防、抢险、救护作业以及其他重大紧急任务中，受到严重暴力阻挠时；开进时遭到暴徒以暴力强行拦阻，严重影响部队按时到位时；暴徒进行纵火、杀人、爆炸，严重危及人民生命和国家重要财产的安全时；军人的生命安全受到暴力严重威胁，需要自卫时；劫持航空器、船舰、火车、机动交通工具，故意危害公共安全的；使用枪支、爆炸、剧毒等危险物品实施犯罪或者以使用枪支、爆炸、剧毒等危险物品相威胁实施犯罪的；破坏军事、通讯、交通、能源、防险等重要设施，足以对公共安全造成严重紧迫危险的；实施凶杀劫持人质等暴力行为，危及公民生命安全的；结伙抢劫或者持械抢劫公私财物的；劫夺在押人犯、罪犯的；法律、行政法规规定可以使用武器的其他情形。

三、执行任务中，收集、保留、固定证据的重要性及方法手段

部队和官兵在遂行多样化任务中收集、保留和规定证据，是依法履行职责、圆满完成任务的必然要求，也是开展法律

战或任务中法律支持与保障的重要内容和重要保障。收集、保留、固定必要、充足的证据，有利于证明部队及官兵行动的合法性；有利于戳穿敌对势力和不法分子行为的违法性，为依法惩处敌对势力和不法分子提供必要的证据支持；有利于防止西方反华势力捏造事实、挑拨离间，争取国内外社会的理解和支持；有利于依法妥善处置因军事行动引发的涉法矛盾纠纷，化解军事行动的附带影响，切实维护国防和部队利益、维护警地和谐团结。

（一）收集和保存证据要注意以下几点

①收集、保留、固定的证据，不仅包括敌对势力和不法分子的违法犯罪证据，对部队和官兵依法行使职权、处置情况的证据，也应该尽可能地予以收集、保留、固定，主要包括：严守群众纪律，保护群众生命财产安全，助民爱民活动，维护社会秩序，教育疏导群众，开展政策宣传和法律攻心，制止非法采访、拍摄，保持克制忍让，文明执勤，依法使用警械武器，依法警戒封控、抓捕驱散、移交审讯等方面的证据材料；②收集、保留、固定的证据，要坚持"客观全面、迅速及时、依法取证"的原则，方法主要有提取实物、录音录像拍照、网络数据和纪律提取留存、调查询问、检查搜查、现场勘查、文字记录等；③收集、保留、固定的证据，要注意程序上的合法性，比如说检查和搜查，一般需要两人以上同时在场；④部队单位和官兵应当及时向上级和地方有关部门报告、妥善保管、移交不法分子的违法犯罪证据。

(二) 使用警械、武器造成人员伤亡的处理

根据相关法律法规规定，武警官兵在适用警械、武器造成犯罪分子或无辜人员伤亡的，要及时组织抢救受伤人员，立即向上级和公安机关报告，并注意保护好现场和收集固定相关证据；积极协助配合部队相关部门或公安、司法等机关对事件进行勘验、调查和定性，是否承担法律责任，由相关机关依照《刑法》《国家赔偿法》《侵权责任法》等有关规定，按照法定程序进行处理；同时，注意主动做好无辜受伤群众及家属的解释疏导和慰问工作。

第六章
外国警械武器使用权的规定

第一节 美国

美国是允许公民合法持枪的,这给警察执法加大了难度,同时对于美国警察自身的安全保护和社会大多人的保护也加大了难度,立法者以对警察生命权和其他不特定多数人生命权的保护为出发点,就会适度牺牲了个体公民的生命权。

一、基本原则

美国警察经过对个案的判断,是有权决定开枪的。在美国,如果警察要求你双手举过头顶,不要有任何的举动,如果你有掏袋的行为,警察就有理由怀疑你有可能袭击警察,警察此时有开枪的权力。这时的警察有可能怀疑你掏枪的行为其实是袭击前的准备,他为了自己的生命安全和不特定多数人的生命安全,就可以开枪了。这也是一种执法权威,让大多数人知道警察执法的强制力,公民要服从警察的命令。所以,美国警察的执法权威在世界各国都是领先的。美国警察只要使用武力就可能遭到诉讼,即使合法使用也会如此,但很多情况如果判断不准,自己的生命权就随时受到威胁,这样的形势下,警察只有立刻使用武器,冒着即使有可能会受到诉讼风险,也会选择开枪。又如美国海岸警卫队枪支使用原则,一是无义务放弃原则。如果证明武力使用,包含致命武力的使用是正当的,那么单位和个人都没有义务为回避法律执行而放弃使用武力。尽管在证明武力使用,包含致命武器的使用的情况下,不要求单位及个人为回避法律执行而放弃使用武力,[1] 但放弃武力不失为一种可供选择的方法。二是自卫原则,个人一直都拥有在相当合理情况下使用武力,保护自己或者他人免受身体伤害的固有权力。三是从更高机构获得批准原则。除自卫外,采取武力前要求获得上一级的批准。即使不要求批准也要在时间允许的情况下,鼓励在使用武力前与上级进行磋商。如果有必要立刻使用武力,根据作出使用武力的最佳判断,且他们被认为以适当方式采取行动。

二、开枪的程序

美国警局在《警察手册》中规定了警察口头命令、约束控制、击打行为人、化学药剂、使用非致命冲击武器击打行为人、致命强制力等 6 级强制力等级。通常当警察面临选择

---

[1] 傅崐成、徐鹏:"海上执法与武力使用——如何适用比例原则",载《武大国际法评论》2011 年第 2 期。

使用何种强制力时,不需要按照严格的强制力等级顺序使用,也不必从最低等级的强制力开始。警察政策当中关于口头命令的规定是警察枪支使用前口头警告的主要依据,一般来说警察开枪前必须要经过警告程序,但情况紧急的除外,如对方也持有枪支的情形下,再进行口头警告就有可能造成警员的伤亡。但是美国警方明令禁止鸣枪警告,因为这样有可能造成对无辜者的伤害,另外担心警察开枪未打中犯罪嫌疑人,然后借口鸣枪警告,[1]不报告其开枪行为。另外鸣枪警告的目的无非是让过于嘈杂的人群安静下来或者威胁与震慑犯罪分子,美国警方认为如果规定鸣枪警告,犯罪嫌疑人就知道警察一开始不会向他开枪,那鸣枪警告的威慑力也就无法达到,因此没有必要规定鸣枪警告。

三、借鉴经验

(一)警察跨级选择

"口头警告"有时候在执行紧急任务时,犯罪嫌疑人不会等你,慢慢走一个流程,不及时处置可能就会贻误战机,紧急情况下可以不警告,执行任务。但是,如果在一些暴力程度对抗性不强的情况下,口头警告还是必须的。美国《警察手册》规定的6级强制力等级,可以不拘泥于层层推进,把六个步骤都走完,可以从口头警告到使用致命武器打击或

---

[1] 徐丹彤、韩增辉:"美国警察枪支使用法律制度述评",载《河北公安警察职业学院学报》2010年第3期。

者约束控制到化学药剂等。这还是比较科学合理的方式，这样使用枪支的人就不会拘泥于手册上的使用步骤，可以根据当时的实地情况，执行者可以作出最优选择。还有海岸警卫队要求武力按照所依据的对象进行了分类。这样执法者可以迅速地判明是哪种类型，根据不同类型决定适用的武器。它是以是否服从警员的要求来分类。可以分为四类消极顺从、消极抵抗这和积极抵抗、积极攻击型四种类型。这是根据武力使用对象分类，这样可以根据不同的对象，来决定警械武器的选择。执法的武器分类有致命性武器和非致命性武器。使用武力的程序分级有第一级是警员到场，以个人的防御武器为武力。第二级是口头警告。第三级是控制技巧，是指那些可能缉拿技巧过低导致相关组织损伤、皮肤撕痛或者骨折的技巧。第四级是攻击反应技巧。这些技术包括正确踢、拳击、使对方晕厥、压制对方的化学刺激物，如喷洒胡椒粉。第五级是使用12毫米口径非致命性武器。第六级是使用致命武力。致命武力是任务可能导致死亡或者身体受到严重伤害的武力。[1]

(二) 执法的武力限制原则

警察使用武力的规则的原则是武力限制原则。警察要实施武力前进行预先判断，执法保护的法益和对方的违法犯罪程度进行比较，根据对方违法程度，选择相应的武力方式。

---

〔1〕 傅崐成、徐鹏："海上执法与武力使用——如何适用比例原则"，载《武大国际法评论》2011年第2期。

第六章 外国警械武器使用权的规定

尽量选择减少人员伤亡的武力方式。如果违法比较轻微，对武器的使用应进行更为严格的限制。当然美国警察因使用警械不规范也曾经引发过很大的事件。美国洛杉矶4个白人警官殴打拒捕的黑人罗德尼，警察采用的是限制性警械电警棍，多次殴打对方的头部，这段视频在美国网络流传，就对警察是否不当执法引起舆论热议，一年后4名警察被起诉到法院，法院判定无罪释放。判决一出，造成当地黑人聚众闹事，导致55人死亡，2000多人受伤的事件，这就是非致命性武器使用不当导致的社会骚乱事件，值得我们思考。

（三）强制力报告表

美国警察使用武力后要填写一系列的《强制力报告表》，把使用枪支的时机、判断和整个事情的来龙去脉以报告的形式，向上级部门汇报。再由相关部门鉴定后确定警察开枪是否合法，以及是否需要承担相应的法律责任。我国可以借鉴这个制度，武警在参与任务后，需要填写使用警械武器使用的汇报，把自己使用时的心态，如何根据现场情况作出选择武力的最佳判断。这个报告是提交上级政治工作部门进行调查和取证后报军事检察院的审查，判定使用是否有不当使用的依据。

第二节 德国

一、基本原则

最小武力原则。德国的使用警械武器有很严格的制度，在能使用警械可以解决问题的时候，就坚决不用武器。德国的警械武器的制度以生命权至上为原则，一切都以维护人的生命权为最重要的原则。

二、开枪程序

德国开枪程序是有严格要求的，无论是在开枪的前置程序上，是必须亮明身份。警察在武力使用强度上一定要与对方实施的危害程度相适应。对方没有使用杀伤性的武器，警察也不能选择杀伤性的武器，选择约束性的戒具即可。还有对方没有继续犯罪的能力时，警察不能使用武器，否则这就是一种犯罪。

三、借鉴经验

德国警察对警械武器使用权是有严格要求的。无论是实体法还是程序法对警察使用警械武器都是有严格限制的。

德国警察对于处置暴力骚乱事件的证据意识特别强，警方会在游行队伍的首尾各配一辆带摄像头的警车，把整个游行队伍都拍下来，还有固定执勤点，专业警察用支架对周围用360度拍摄。中间还有摄像人员持杆随队奔跑。以及隐蔽处有摄像头进行拍摄。还有警察会征用街道的居民的房子来对游行队伍进行全面的拍摄。

第六章 外国警械武器使用权的规定

第三节 俄罗斯

一、基本原则

俄罗斯的民警可以使用徒手格斗、警械和火器。它的原则是根据违法行为和违法人的危险性质和程度,以及反抗的力量将所有损害降低到最小的程度。给身体受到伤害的人员紧急提供救护,并在尽可能短的时间内通知家属。将所有死亡和受伤的情况报告给检察官,以此来确定责任的承担。对于警察使用强制手段是否合法是由俄罗斯联邦总检察长及其所属的检察官对其合法性进行监督。

二、警械的使用和火器的使用

俄罗斯联邦《警察法》第 14 条对警械的使用作出了严格规定。民警只有在防止他人袭击,防止对民警的执法反抗,拘捕实施犯罪企图逃跑的人。羁押人员逃跑反抗的情形。暴力劫持类的犯罪、暴乱骚乱阻碍交通,阻碍警察拦截车辆检查和为正在实施犯罪的案件。警械可以是橡胶棍、催泪瓦斯、手铐、吸引注意力的声光器械、强制停车工具、专用染色工具、警犬、点击装置等。不同的任务使用警械也是有差异的,民警可以依据不同的任务来选择。民警使用火器的情况,俄罗斯联邦《警察法》第 15 条规定了 6 种行为民警可以使用火器。为保护公民免遭为危及其生命或者和健康的袭击。为了保护民警的生命安全，为了解救人质，为了拘捕实施犯罪的人。为了反击武装袭击，防止被羁押人员逃跑。

三、枪支使用程序

（一）开枪前的准备

俄罗斯联邦《警察法》规定：警察可以对情况进行预判，如果觉得有开枪的情形出现，可以做好开枪前的准备。

这样是为了让警察做好开枪的准备，这也是开枪的流程上的准备，拔出枪随时准备击发。

（二）告知身份

根据俄罗斯联邦《警察法》规定，警察在使用枪支时，要向相对人告知自己警察的身份。这是法律上的必经程序，告知的情况下使用枪支造成的损害，是要受到法律追究的。告知对方身份既可以用明示的方式，直接告知对方警察的身份，也可以用默示的方式，即警察通过穿着警服的方式，就用默示的方式告知对方自己警察的身份。

（三）警告程序

根据俄罗斯联邦《警察法》第19条第1款的规定，警察在使用枪支时，应向当事人发出警告的形式。从俄罗斯联邦《警察法》第23条第3款第4项"朝安全方向警告射击"的规定看，鸣枪警告可视为警告的一种形式，立法对鸣枪警告的基本要求是"朝安全方向"。除了鸣枪外，还可采取口头警告等其他形式，立法没有限定，由警察依具体情况裁量。警告要求警察在告知意图时应向对方提供履行警察法定要求的时间和可能性，要求警察把警告作为一项重要的法定程序认真对待，充分发挥其警示作用，这既是对警察使用枪支的制约，也充分体现了对公民生命权的尊重和保护。[1]

如果警察未经警告，就向当事人开枪，这是一种违反程序法要求的行为，程序正义才能更好地维护实体正义。开枪只是一般由现场指挥员作出，开枪人员要服从指挥员的指挥。警告的目的是希望威慑对方，放弃犯罪。但是俄罗斯联邦《警察法》也指出，如果情况紧急，不尽快使用武器，会对警察或者他人的生命造成严重威胁，警察有权可以不经警告，直接使用武器。

（四）报告程序

根据俄罗斯联邦《警察法》第19条的规定，警察枪支使用后期程序主要包括以下内容：俄罗斯警察使用枪支后，因为履行职务行为后使用枪支而导致身体损伤后，需要及时进行医疗救助，防止损害后果进一步扩大。还有，及时与受伤者的近亲属进行联系。这是一项非常人性化得制度，受伤者的近亲属是有知情权的，警察必须第一时间通知到家属。法律要求警察就在执行任务过程中使用警械武器后，需要向上级部门汇报本次使用警械武器的情形和理由，这是下一步评判使用是否合法的重要判依据。检察官要在24小时内介入调查。检察官会对警察使用警械武器枪支的行为进行核查和

---

[1] 徐丹彤："俄罗斯警察枪支使用法律制度及对我国的启示"，载《上海公安高等专科学校学报》2012年第5期。

监督。从而对警察使用警械武器的行为是否合法和恰当。根据公民的危害行为的性质和危害程度与警察采取的枪支使用是不是相适应。

三、借鉴经验

俄罗斯有和我国在关于使用警械武器禁止性规定法律相类似的制度。但对于特殊人群的人文关怀，俄罗斯法律更具灵活性，在遇到特殊情形时，可以使用其他规定。俄罗斯的法律对特殊任务使用警械武器是有禁止性规定的，它是禁止对怀孕特征的妇女，明显残疾特征的人和儿童使用警械，但是如果这一类特殊群体有武力反抗的，是可以使用警械的。这是人文关怀与实际情况相统一。法律虽然赋予了武警官兵使用警械武器使用权，但是同时也提出了救助的义务。如果在执行任务过程中，需要使用警械武器，造成人员受伤的情况，武警官兵有责任积极进行救助，比如打110或者送其去医院积极进行救治，防止当事人得不到及时救治，导致人员的伤亡。

第四节 其他国家借鉴经验

法国基本原则是比较尊重犯罪嫌疑人的人格尊严，它要求犯罪嫌疑人也在警察局的监管和保护下，不应受到警察局公务员及其他第三者的任何暴力、非人道的和侮辱性的待遇。对使用警械武器上下级的关系方面责任进行厘清，什么情况

第六章 外国警械武器使用权的规定

下上级承担责任，什么情况下下级承担责任。法国的借鉴经验是在情况紧急的情况下指挥机关可以直接跨级别下达命令，这提高了指挥的效率。法国《国家警察职业道德准则法令》第9条在法律赋予警察可以使用武力，但是在使用武力时，要严格地根据任务需要选择合理的武力打击方式。该法从第13条到第18条关于警察和指挥权的各自权利义务的关系也作出了规定。各级警察机关是按照上级的命令使用警械或者武器相关职权，下级执行上级的命令作出的行动没有上级对自己所作的命令承担后果，如果下级是违反上级命令，则要对自己的行为承担相应的法律责任。还有指挥机关是通过逐级下达命令的，但不排除在紧急情况下，越级下达指挥命令，但是要告知中间级别的相关机构。不是紧急情况下法律不鼓励这种跨级下达命令的行为。另外，下级机关如果对上级机关发出的命令，有异议比如违法或损害社会公共利益的行为，下级可以向上级指出违法错误所在，上级仍然坚持，下级可以向再上一级请示报告。可能情况下还需附上文字备案。对警察使用武器的监督除了检察院对他们的监督外，还有上级机构和国家警察总督局的人员亦同样可以对其进行监督。

澳大利亚的警察总长可以任命人员为特殊保护性官。来辅助履行保护性服务职能。澳大利亚《联邦警察法》第14B条规定了保护性官在因为一项犯罪对人试图逮捕，或者防止逮捕的人逃跑的情况下，可以使用武力，但不能超出合理和必要的限度。不能做出可能造成该人死亡或者严重伤害身体的行为。除非保护性服务官有可能相信，做出这样的行为是为了保护本人或者他人遭受严重伤害是必要的。澳大利亚如果出现联邦警察或者保护性服务人员开枪，造成人员伤亡后，第一时间会有书面通知，要求其进行酒精和违禁物品的检查，如果因为此类原因就需要承担相应的违反法纪的责任。

韩国《警察法》第4条，警察在执行公务时，一定要根据宪法和法律，尊重国民的自由与权力，以公正中立的立场为全体国民服务，不得滥用职权。[1]

新加坡《警察法》第25条，不为受命所为负责。如果针对警察的诉讼案件，当事人有证据证明其是按上级主管的授权令所为，那应当作出有利于警官的判决或者免于起诉。新加坡《特殊警察条例》第85条第2款规定。部长可以作出全部或者部分事项条规。如随身携带武器。

英国《反社会行为法2003》第五章对枪支作出了规定。对公共场合所持有气驱式的武器或防制火气的种类、气驱式武器持有的年龄，比如年龄在14周岁或者14周岁以上的人经过占有人同意，在私人场所持有气驱式的武器或者弹药的，不是犯罪行为。但是在这些场所以外使用该气驱式武器发射物的则构成犯罪。英国警察开枪后后续的无论是对其本人和家人的保护，还是对于受害者的赔偿问题，都有一系列的人

---

〔1〕 程琳："论警察法学的主要特性"，载《中国人民公安大学学报（社会科学版）》2013年第5期。

第六章 外国警械武器使用权的规定

文关怀的保护措施。

以上这些国家警察使用警械武器的相关规定,我们可以取长补短。在下部立法或者修订相关法律时,可以考虑加入一些适合我们国情的制度。

第七章
武警使用警械武器实证研究

◇ 案例一：防卫过当案

一、案情介绍

2010年，关岭县坡贡镇村民郭某华、郭某文酒后在关岭县坡贡镇街上与代某忠、代某良因经济赔偿之事发生斗殴。接警后，时任坡贡镇派出所副所长的被告人张某带领协警王某胜赶到现场制止。在处警过程中，郭某华、郭某文抓扯张某、王某胜，被制止后，郭某志加入进来，与郭某华一道抓扯张某，将张某推到路边沟里。张某起来后往后退让并掏出手枪朝天鸣枪示警，但郭某华、郭某志继续扑向张某，张某边退边再次朝天鸣枪示警。随后，张某在抓扯中连续击发三枪，致郭某华、郭某志中弹死亡。案发后，张某用手机分别向关岭县公安局和坡贡镇负责人报告此事，并在现场等候处理。公安机关调查期间张某如实供述了犯罪事实。法院一审宣判张某开枪致2村民死亡案，张某因防卫过当被判8年。

二、案例分析

《人民警察使用警械和武器条例》规定：使用武器，应当以尽量减少人员伤亡为原则；失去继续犯罪能力的，应当立即停止使用武器。两个手无寸铁的人，即使袭警，用警棍对付足够了，为何非要开枪，而且是一人直击头部致命，另一人失去抵抗能力后又在头部近距离补射，张某行为显然超过了法律允许的强度。公诉人认为其是故意杀人。本案关键"两被害人是否有抢枪行为""张某开枪是否正当防卫"。本案中没有证据证明郭某华、郭某志的抓扯行为是为了抢夺张某的枪支，两人都是醉酒状态，且手上没有任何凶器，对张某的生命安全没有造成紧迫的危险性，这一起普通的治安案件，可以使用警械，不需要使用武器。村里有围观群众，这样的场合开枪有可能会误伤到群众。另外，两个被害人袭警的不法侵害已经停止，张某还开了几枪。张某应该有控制能力，但他还是选择使用警械武器。张某的行为不属于最高人民法院、最高人民检察院、公安部、国家安全部、司法部《关于人民警察执行职务中实行正当防卫的具体规定》第1条第（7）项"人民警察遭到暴力侵袭"的情形。这些都表明张某开枪剥夺他人生命的防卫行为明显超过必要限度，是造成他人死亡的重大损害应当负刑事责任的情形。这种明显防卫过当行为，涉嫌故意杀人，张某明知自己开枪行为有可能造成郭某华、郭某志的死亡，还开枪放任这种危害结果的发生，主观上是有间接故意的。

◇ **案例二：徐某合案**

一、案情介绍

2015年5月2日，黑龙江省庆安县丰收乡农民徐某合（男，45岁，持当日庆安-金州的K930次列车硬座客票），与其母亲权某顺（81岁）携3名子女去大连拜访亲戚。中午12点，徐某合在庆安站候车室等车期间，突然情绪失控，在进站入口处堵住大门，并将旅客推出候车室外，关闭大门，致使多名旅客无法进站，保安人员制止无效后，到公安值勤室报警，民警李某斌接报后前来处置，对徐某合进行口头警告，责令立即停止违法行为。徐某合不听劝阻，辱骂并用矿泉水瓶投掷民警。民警随即对徐某合的双手反剪手控制在栅栏处，迫其离开大门，让旅客进站。因为两人隔着隔栏，民警不能很好将其控制。民警随即跑回值勤室取防暴棍，徐某合不停地击打值班室大门。民警由于警用对讲机没电，还没有来得及和站内的另外一名民警取得联系。民警害怕徐某合在外袭击其他群众，于是带防暴棍想要制服徐某合。徐某合没有服从民警的指示，继续和民警叫嚣，继续拉扯并抢打民警，民警也有用防暴棍和脚踢还击。两人在拉扯过程中，徐某合抢夺防暴棍，并拳击民警头部。民警使用防暴棍和拳脚还击。徐某合恼羞成怒，先将自己81岁的母亲推搡到民警身上，后来暴力进一步升级，徐某合将自己6岁的女儿高高举起后抛向民警，导致女孩重摔落在地上，大哭泣不止。徐某合纯趁机抢走防暴棍，然后用防爆棍击民警。民警取出配枪继续口头警告，徐某合用防暴棍击抢打警察过程中打到其持枪的手臂，民警害怕徐某合有抢夺枪支的意图，会有更多不特定的人受到人身损害。民警经过口头警告后，徐某合置若罔闻，继续袭击民警，民警开枪射击，射击后民警随即拨打120，医生来后确认徐某合已经死亡。

二、案例分析

《人民警察使用警械和武器条例》第2条规定，人民警察使用警械不能制止，或者不使用武器制止，可能发生严重危害后果的，可以依照本条例的规定使用武器。该条例第9条规定，对于出现以暴力方法抗拒或者阻碍人民警察依法履行职责或者暴力袭击人民警察，危及人民警察生命安全的紧急情形，经警告无效的，可以使用武器。

徐某合在车站故意封堵进站入口，驱赶乘客，关闭候车室大门。这是严重扰乱社会公共秩序的行为。他违反了《治安管理处罚法》第23条第1款第2项规定，扰乱车站、港口、码头、机场、商场、公园、展览馆或者其他公共场所秩序的，处警告或者200元以下罚款；情节较重的，处5日以上10日以下拘留，可以并处500元以下罚款。民警接警后先进行劝阻和口头警告，徐某合不听劝阻，有继续不让乘客进站的行为，同时有用语言侮辱民警，还拿桌子上的矿泉水瓶砸向民警头部。民警随即对徐某合采取了控制的手段，将其双手背后。此时警察依据的是《人民警察法》第6条第2项："公安机关对人民警察按照职责分工，依法履行下列职责：……（二）维护社会治安秩序，制止危害社会治安秩序的行为。"第 8 条："公安机关的人民警察对严重危害社会治安秩序或者威胁公共安全的人员，可以强行带离现场、依法予以拘留或者采取法律规定的其他措施。"民警经警告无效后，对徐某合采取控制的方式是合法合规的。现场两人隔着栅栏无法做到真正的控制，同时徐某合也没有服从民警管理意思。民警担心徐某合暴力升级。所以，民警跑入办公室取出防暴棍想要制服徐某合。民警在选用警械时还是有考虑到民警采取的武力措施与对方的犯罪程度相适应，采取防暴棍的方式还是恰当的。后来，徐某合抢夺防暴棍，并多次击打民警身体，甚至打到了民警开枪的手臂，情况十分危急。根据《人民警察使用警械和武器条例》第 7 条第 1 款第 5 项、第 6 项、第 7 项规定：人民警察遇有以暴力方法抗拒或者阻碍人民警察依法履行职责的，或袭击人民警察的，或危害公共安全、社会秩序和公民人身安全的其他行为，需要当场制止的情形，可以使用警棍、催泪弹、高压水枪、特种防暴枪等驱逐性、制服性警械。后来徐某合情绪失控，拉扯其母亲并推向民警，又将自己的女儿（未成年人）高高举起后抛下，此时徐某合的暴力程度升级，他不是和民警徒手在抢夺防暴棍，而是对其他不特定的第三人产生了暴力行为，可能危及其他人的生命安全。民警警告无效后，徐某合乘机用抢走的防暴棍袭击民警。《人民警察使用警械和武器条例》第 6 条规定："人民警察使用警械和武器前，应当命令在场无关人员躲避；在场无关人员应当服从人民警察的命令，避免受到伤害或者其他损失。"徐某合猛推其母亲和抛摔其女儿的行为，令其行为从影响社会秩序上升为危害他人人身安全的暴力行为，根据《人民警察使用警械和武器条例》第9条第1款第6项规定：实施凶杀、劫持人质等暴力行为，危及公民生命安全，民警警告无效的，可以使用武器。因此民警取枪警告是合法的。徐某合趁机抢走防暴棍，多次用防暴棍殴打民警头部。民警紧急情况下取出枪支进行口头警告，徐不予理睬，企图用防暴棍击打民警的手枪，民警担心枪支被夺后引发更大的社会危害。这种情况下，先对徐某合口头警告，在多次警告无效的情况下，民警开枪将徐某合击中。依据《人民警察法》第10条规定："遇有拒捕、暴乱、越狱、抢夺枪支或者其他暴力行为的紧急情况，公安机关的人民警察依照国家有关规定可以使用武器。"《人民警察使用警械和武器条例》第9条第1款第3项、第10项规定："人民警察判明有下列暴力犯罪行为的紧急情形之一，经警告无效的，可以使用武器：……（三）抢夺、抢劫枪支弹药、爆炸、剧毒等危险物品，严重危害公共安全的；……（十）以暴力方法抗拒或者阻碍人民警察依法履行职责或者暴力袭击人民警察，危及人民警察生命安全的。"《人民警察使用警械和武器条例》第4条规定："人民警察使用警械和武器，应当以制止违法犯罪行为，尽量减少人员伤亡、财产损失为原则。"如果警械无法阻止行为人的暴力行为，可以使用枪支，但是使用枪支要尽量减少人员伤亡。该案中警察多次警告徐某合，徐不听劝阻，继续用防暴棍殴打民警，还有意图抢枪的行为，警察经多次警告无效后为了保护其他民众的生命财产安全，开枪的行为是合法行为。

◇ 案例三：昆明火车站暴恐事件

一、案情介绍

2014年3月1日21时15分许，巡逻中的民警谢某突然发现广场上的人群骚动，急速向值班副所长张某元汇报附近可能发生斗殴，请求支援，张某元拿走防爆叉。这时，民警彭某和队长谢某也带了2名保安一路追赶过来进行围堵暴徒，暴徒用的是砍刀，张某元用防爆叉将一名暴徒按倒在地，准备控制该名暴徒时，暴徒的3名同伙赶到，他们挥起砍刀砍向张某元等人。警察和保安与暴徒进行殊死搏斗。暴徒砍断了张某元左手食指。此时，另2名暴徒趁机砍伤保安，又挥刀向谢某和彭某砍去，谢某追上前大声警告。"我是警察，命令你们马上放下手中的刀子！"暴徒听到警察的警告，但没有听从警告，5名暴徒趁机向外围逃窜。这时，几名暴徒朝前逃去，还有狗急跳墙的2人猖狂地冲向彭某，拿砍刀砍向警察和保安。他们躲闪不及，谢某的头部被砍伤，彭某用警棍与两名暴徒人展开搏斗，被暴徒一刀刺入腹中，腹部被刺穿。为防止暴徒继续伤害旅客，张某元、谢某、彭某不顾伤势强忍疼痛，带领受伤保安继续追击暴徒。[1]

---

[1] 王长山、王研："'来砍我'，危急时刻民警舍身引开暴徒"，载《新华每日电讯》2014年3月4日。

不久，昆明市公安局特警赶到任务现场，暴徒正在挥刀砍向群众，还有人被暴徒按在地上砍。特警朝天鸣枪，并对暴恐分子进行口头警告并大喝要求暴徒放下刀具。这时，5名暴徒没有停止，反而拿刀砍向特警，持刀暴徒离枪口一米左右时，特警果断开枪将其击倒。其余4人也挥刀砍向特警，他接连开枪分别将这4人击倒，终止了暴徒的疯狂行为。暴徒被赶来支援的特警当场击毙4人，击伤1人。

二、法律分析

本案中，暴恐分子因分裂新疆的政治企图触犯了组织领导恐怖主义罪。组织、领导、参加恐怖组织罪恐怖事件参加者大部分是因为宗教和文化的原因，对社会和政府有不满。加上境内外恐怖组织的煽风，所以经常发动针对平民的恐怖袭击，作案手段极其残忍。

对昆明火车站实施了暴力恐怖袭击事件。暴恐分子触犯《刑法》第120条，该条规定，组织、领导、参加恐怖组织罪：组织、领导恐怖活动组织的，处10年以上有期徒刑或者无期徒刑，并处没收财产；积极参加的，处3年以上10年以下有期徒刑，并处罚金；其他参加的，处3年以下有期徒刑、拘役、管制或者剥夺政治权利，可以并处罚金。犯前款罪并实施杀人、爆炸、绑架等犯罪的，依照数罪并罚的规定处罚。本案中的暴恐分子就触犯了《刑法》的第120条的相关条款。

同时，暴恐分子还触犯了故意杀人罪。暴恐分子主体要件符合刑法分则规定的一般主体，客观要件是必须剥夺他人生命的行为。暴恐分子客观上用砍刀砍向谢某、彭某。谢某的头部被砍伤，彭某的腹部被刺穿。还有其他不特定的公民的生命权和身体健康权受到了侵害。就是意图剥夺他人生命，主观要件为故意，追求对方的死亡结果的故意。该案中暴恐分子用刀砍人的头、腹部，都是明知道这种行为会发生危害他人死亡的结果，他还积极追求这种结果，希望结果的发生，该罪的客体是他人的生命权。这里侵害的是警察和保安以及不特定公民的生命权。

　　本案中暴徒用的是砍刀，张某元用防爆叉将一名暴恐分子控制住，这从民警使用警械武器选用的对抗强度来说，是合理适度的。但是，当暴徒的暴力进一步升级，暴徒用刀砍断了张某元左手食指。谢某的头部被砍伤，彭某被暴徒一刀刺入腹中，腹部被刺穿。暴徒对警察和保安以及群众的生命安全已经不是普通的伤害，而是杀人的故意，是刀刀毙命。这属于刑法中的现实不法侵害正在发生，警察和保安为了控制暴恐分子的不法侵害，可以选用武器，这里警棍与暴徒的砍刀相比没有制服的约束力。值得一提的是，谢某在被追砍的时候还大声警告暴徒"我是警察，命令你们马上放下手中的刀子！"这是警察在危及情况下还能考虑程序法上的警告要求，难能可贵。特警赶来支援，首先朝天鸣枪，然后对暴恐分子进行口头警告，暴恐分子没有停止犯罪，反而拿刀砍向特警，特警击毙暴徒。特警使用武器的程序合法、合理、有序。符合警察使用警械武器的相关程序法和实体法的相关要求。

◇ 案例四：持枪杀人案

一、案情介绍

2018年8月20日，江西省宜春市上高县发生特大持枪杀人案。早上7时至10时26分，犯罪嫌疑人况某林先后在上高县敖山镇原奶牛场、沿江中路建材市场"顾地管业"店内和黄金堆意隆纺织厂持枪杀人，造成4人当场死亡。接到警方通报后，武警江西总队迅速启动应急预案，保持军地协调联动，司令员赶赴一线指挥，政委、参谋长坐镇基指指挥，27名特战队员在武警宜春支队长的带领下火速出击。案发后，况某林驾驶摩托车向上高县城东塔下乡方向逃窜。21日晚，有群众反映在上高县锦江镇南源村西侧山林地附近发现犯罪嫌疑人的踪迹。21日22时10分，武警江西总队副参谋长率参战官兵迅速赶到现场。22时15分，现场指挥员下令对外围展开封控，实施搜捕行动。分别担负突击组长的武警宜春支队副支队长、机动中队中队长手持防弹盾牌，在战术搜索灯的照射下，带领队员向林中搜索前进。突然，武警官兵发现前方不到5米处有一个人影，正是况某林。手持自制双管双扳机火枪的况某林发现行踪败露后，开枪拒捕。此时，特战队员迅速扣动扳机，将其当场击毙。

二、案例分析

本案中犯罪嫌疑人况某林是一名杀人嫌疑人，损害后果是已有四人死亡。情况十分危急，公民和参战武警官兵的人身安全受到威胁。况某林在反追捕中，用自制双管双扳机关火枪开枪拒捕。这时犯罪嫌疑人犯罪工具是枪支，武警官兵在处置此类突发事件，危险程度还是很高，武警官兵在选择对应打击犯罪嫌疑人的方式要用与其危险程度相适应的手段和方式，防弹盾牌等警械已经不足以抑制犯罪嫌疑人的犯罪时，应果断使用枪支。在特别紧急的情况下，对犯罪嫌疑人选择采取击毙的方式是合适和恰当的。一方面犯罪嫌疑人的逃窜会有可能造成其他公民的人身安全的危险，另一方面武警官兵自身的人身安全也会陷入危险之境。

◇ 案例五：和田"3·23"非法聚集事件

一、案情介绍

2008年处置新疆和田"3·23"非法聚集事件中，极少数的"三股势力分子"乘机在和田大巴扎（农贸市场），裹挟妇女并顶在前面，把自己围在内圈，同时安排插入闹事人员队伍的人摄像和拍照，目的就是想增加武警官兵的处置难度，希望武警官兵处置时执法有所疏忽，他们就将这些作为证据在国际上宣扬武警处置任务的不合理，给我国造成国际舆论上的被动，影响我国的国际形象和军队声誉。

二、法律分析

非法聚集事件往往开始很难辨别事件性质。在事态性质不明的情况下，处置此类事件要慎用武器，区分对象。在处置对象上，在行动目的上，以首先确保恐怖袭击目标、人质及无辜群众的安全为基本前提。要区分两类矛盾，针对不同的对象，采取不同的手段和措施。法律攻势的实施必须区分层次，把一般违法行为与暴力犯罪行为区分开来，对已经确定为恐怖活动的首恶和顽固分子要坚决予以打击，对被蒙蔽和被裹胁人员要首先争取分化瓦解，对一时难以判断性质的不确定人员，要慎重对待，随着情况的逐步明朗，适时调整处置对策。处置官兵先将被裹挟的妇女拉开，再对"三股势力分子"果断实施抓捕，对反抗的犯罪分子可以使用徒手控制或者使用警械后，带离现场，移交公安。在不需要使用警械的情况下，坚决不能使用武器。整个过程没有任何违法迹象，同时也没有给"三股势力分子"任何可乘之机。

同时，我们还要对官兵处置全过程进行摄录像，证明现场处置是依法进行，并配合公安机关及时锁定犯罪分子，择机将其带离现场，通过当地政府新闻办发布消息，揭露该事件全部过程，为我方处置行动掌握了法律主动。

◇ 案例六：暴恐事件

一、案件介绍

2014年7月28日，新疆一伙暴徒多路袭击艾力西湖镇政府、派出所，袭击艾力西湖镇驻村工作队干部，裹胁数名群众，村警务室被砸，打砸焚烧过往车辆，6台车辆被砸烧，砍杀无辜群众。共造成37名无辜群众死亡，13人受伤。当地公安、武警官兵持械与暴徒对峙。之后，暴恐分子在莎车地区多地、多处制造暴恐事件。武警到达现场参与处置，搜捕分队开进至一村里时，突遭多名暴恐分子持刀、斧头袭击和装有爆炸物、燃烧瓶的车辆冲撞袭击，在鸣枪警告无效的情况下，现场击毙暴徒数名，其余人员逃窜。部队在后续追捕、围剿过程中，又3次遭暴恐分子设障拦阻、持械和投掷爆炸物袭击，在警告无效的情况下，一举击毙暴恐分子数十名，迅速控制了局势，避免了更大社会危害后果的发生。

二、法律分析

本案中暴徒的行为触犯组织领导参加恐怖组织罪、故意杀人罪、非法制造爆炸物罪、放火罪、绑架罪、以危险方法危害社会公共安全罪。

当出现《人民警察使用警械和武器条例》第9条规定的15种暴力犯罪情形时，可以使用武器，其中包括了放火、投毒、爆炸、劫持航空器、劫持人质、暴力劫狱等典型的恐怖活动。特别是在遭遇突发性恐怖袭击事件时，一定要当机立断，先发制敌。在处置方式上，必须严格按照法定的程序。如使用武器，非紧急情况下要先警告，在突发性恐怖活动的紧急情况下，可以直接使用。同时必须按照对抗强度，以制服为限，合理选择武力打击方式。能使用警械制止的不使用武器；使用警械不能制止，或不使用武器可能发生严重危害后果的要果断使用武器。武力制止犯罪时，应尽可能避其要害，以利于收集罪证、查清罪行；在情况紧急时，允许超限度使用武器，以保护更大利益。收集、保留、固定必要、充足的证据，有利于证明部队及官兵行动的合法性；有利于戳穿暴恐势力和不法分子行为的违法性。

◇ 案例七：暴力冲监袭警事件

一、案情介绍

2008年某监狱发生暴力冲监袭警事件，面对几名在押暴力恐怖分子袭击，我处置武警官兵在鸣枪警告无效后果断开枪击毙击伤几人，在一名罪犯持凶器迫至1米距离时，参战官兵仍冷静将机枪保险拨至单发，再将罪犯击毙。

二、法律分析

防止在押人员脱逃是武警看守勤务最基本的任务，也是工作的重点和难点。执勤人员发现在押人员从看守所逃脱时应按照《执勤规定》的相关要求沉着处置，严格遵守武器规定，网络监控哨兵要注意收集、固定证据。执勤人员要听从上级安排,如果时间紧急的情况下需要武警自行研判现场环境,可以按照法律要求和程序处置,及时请示和上报。本案中武警官兵承担的是监狱的警戒勤务。遇到犯人冲监,暴力袭警的行为可以依据《监狱法》第46条第1款的规定:"人民警察和人民武装警察部队的执勤人员遇有下列情形之一,非使用武器不能制止的,按照国家有关规定,可以使用武器:(一)罪犯聚众骚乱、暴乱的;(二)罪犯脱逃或者拒捕的;(三)罪犯持有凶器或者其他危险物,正在行凶或者破坏,危及他人生命、财产安全的;(四)劫夺罪犯的;(五)罪犯抢夺武器的。"这里属于第二种情况,罪犯脱逃或者拒捕的,使用武器的人员,应当按照国家有关规定报告情况。武警官兵发现在押的暴力恐怖分子在袭击警察时,首先武警官兵提出口头警告,然后鸣枪警告,但对方仍持凶器对抗武警官兵执法,武警官兵可以使用武器,使用先要击中对方身体次要部分,如果仍然不能控制对方继续实施犯罪或者武警官兵的生命权受到威胁时,可以击毙。武警官兵严格执行警械武器使用条例,当犯罪分子失去继续实施犯罪能力时,应当停止使用武器。本案中对方仍然负隅顽抗,使用凶器继续对官兵进行攻击,我方采取击毙措施,为了避免因连发对周围第三人造成不必要的伤害,采取单发,充分体现了在处置对象、程序、时机、力度上的适度性要求。

第七章 武警使用警械武器实证研究

◇ 案例八：凶杀和挟持人质案件

一、案情介绍

2009年10月26日上午，重庆市沙坪坝区发生一起凶杀和挟持人质案件。为逃避警方打击，暴徒左某在杀死一名中年妇女后，绑架挟持一名年轻女子向事发地后山逃窜。武警重庆总队一支队沙坪坝区中队受命前往解救人质。现场除大批警察外，还有大量围观群众，气氛异常紧张：暴徒负隅顽抗，将一把明晃晃的刀子架在人质脖子上，叫嚣要杀害人质。简短接受指挥部指令后，指导员立即组织4名战士勘察周边地形。为防止暴徒伤害人质，狙击手邓某和战友闫某现场受命，从暴徒右侧占领制高点待命，另两名战士则着便衣从左面秘密接近暴徒，伺机实施抓捕。在现场指挥部安排下，邓某持81式自动步枪，猫着身子快速向一号制高点靠近，闫某则携带85式狙击步枪前往预定位置。一号狙击手邓某距暴徒最近，30米；二号狙击手闫某与暴徒相距50米左右，两名狙击手保持垂直角度。两人事前约定，一旦指挥部发出开枪指令，谁所处位置有利谁就开枪将暴徒击毙。暴徒挟持人质躲在一个小山坡下，四周被荒草包围。邓某与暴徒所处位置是一个斜坡，他即使探出头来，也只能看见对方脖子以上的地方。为防止被暴徒发现，他干脆将帽子脱掉，胸口紧紧贴在地面。通过步枪瞄准器观察，黑洞洞的枪口指向暴徒所处位置。10时35分，暴徒情绪激动，将人质踩在脚下一个劲喊冷，同时要求警方10分钟内提供些衣服，并撤离现场，否则杀死人质。7分钟后,在谈判专家劝说无效情况下,现场指挥部发出开枪击毙暴徒的命令。10时45分,暴徒起身捡拾民警扔来的衣服,刚刚抬起头,民警扣动了扳机。

二、法律分析

劫持事件是指以暴力、胁迫或者其他方法挟持交通工具、绑架他人的事件,主要包括劫机、劫船、劫车和劫持人质事件。劫持事件,通常已经构成犯罪,往往事发突然,情况易变,人质面临巨大威胁;犯罪人员多为亡命之徒,本案中左某已经杀死一名公民,现场劫持了另一名女性,并持有凶器,左某随时有杀害人质的可能,人质生命危在旦夕。劫持案件多选择隐蔽的地点,给武警官兵处置任务造成较大困难,稍有闪失就会导致人质丧命。处置此类事件,应当贯彻依法打击与政治攻势相结合,武警进行了喊话,在谈判专家劝说无效的情况下,以依法打击为主和保护人质的安全为首要原则,仔细观察,周密部署。《人民武装警察法》第12条第2款规定:"遇有重大灾情、险情或者暴力恐怖事件等严重威胁公共安全或者公民人身财产安全的紧急情况,人民武装警察部队应当依照中央军事委员会有关规定采取行动并同时报告。"武警官兵要正确判断,积极把握可以攻击的时机,积极创造和准确把握战机,灵活运用心理攻势、果断出击等手段,要在保证人质安全的前提下,击毙犯罪分子。本案中武警官兵利用暴徒起身捡衣服瞬间,抓住时机扣动扳机,保证了人质的安全。美国海岸警卫队在处置此类事件中,如果人质或者无辜人员可能遭到杀害或者情况严重危及的情况下，海岸警卫人员可以在没有不当危及警卫人员安全的情况下，采取适当的行动以使人质的生命或者重伤的危险减至更小。

◇ 案例九：朔州铲车案

一、案情介绍

2015年在朔州火车站附近巡逻的武警山西总队朔州支队巡逻分队接到朔州市公安局110指挥中心通报，一名不法分子驾驶大型装载机在市区主要街道横冲直撞。带队巡逻的副参谋长卫某一边向支队长任某报告，一边迅疾投入围追堵截的战斗。装载机在歹徒的操控下像是一头脱缰的疯牛，沿着市内的开发路、古北街、鄱阳街、市府街、张辽路等主要街道疯狂乱窜。紧跟其后的数辆警车试图合力将其逼停，遗憾的是，在这个重达16吨、机身长约7.9米的大家伙面前，警车的车顶还没它的轮胎高。被装载机一碰，警车马上变形损坏，先后两辆警车被刳烂。疯狂的歹徒完全失去了理性，谁追他，他就铲谁、碾谁。一路发疯，先后有20余人受伤，10余台车辆严重受损，四处是惊呼声和尖叫声多次参与处置突发事件的任某意识到问题的性质已经进一步升级，当即下令："空旷地域，击毙他！"听到命令，作训股股长褚某迅速打开天窗，托起枪支仔细瞄准，歹徒似乎发现了追击的武警车辆，开始摆起了"S"阵。褚某说："装载机座舱的正后方是排气筒，直瞄射击刚好形成障碍，如果跟着他左右摇摆，一旦斜射出现误差，路边有居民楼，后果不堪设想。"褚某在指挥车的快速行进中寻找着战机。装载机继续沿着张辽路向南逃窜到大桥上时，直接撞击到一辆载满乘客的大客车上，歹徒正要第二次撞击客车时，任某根据联指首长要求下达了"击毙"命令。如果再次遭到撞击，客车极有可能被撞翻至桥下，掉入十几米深的河水中。恰在此时，不法分子稍斜着脑袋向后张望，褚某沉着冷静把握时机，在时速40公里、距离约30米的情况下，果断实施运动中射击，一枪击中歹徒头部，歹徒当场毙命，确保了大客车上23名乘客的生命安全。[1]

二、法律分析

本案中铲车司机触犯危害公共安全罪，危害公共安全的行为，这类犯罪的犯罪对象是不特定的多数人，所以社会危害性特别大。这类犯罪侵犯的客体是公共安全，客观表现为实施了各种危害公共安全的行为，它的伤亡、损失的范围和程度往往是难以预料的。因此它是《刑法》规定的社会危害性较大的一类犯罪。

客体要件：就是法律要保护的法益，本案中就是社会公共安全，即不特定的多数人的生命、健康和财产安全及稳定

---

〔1〕"开铲车街头狂奔撞人致1死20余伤司机被当场击毙"，载 http://fj.people.com。

的社会秩序。

客观方面：该罪的表现为实施了各种危害社会公共安全的行为，表现为有积极的作为。犯罪分子用装载机在公共道路上铲伤20余人，导致10台车受损。同时，他还有撞击长途客车的意图，犯罪分子实施的行为让不特定多数人的生命、健康、财产安全处于极度危险的状态，并且从根本上冲击了整个社会稳定的秩序。

主体要件：该罪主体多数为一般主体，少数为特殊主体构成。此外，该类犯罪中有的也可以由单位构成。一般主体凡达到刑事责任年龄、具备刑事责任能力的人可成为该罪主体。本案中铲车司机不存在有年龄和精神方面的因素，导致刑事责任能力不足的问题，他符合刑法规定的危害公共安全罪的主体。

主观要件：危害社会公共安全罪的主观要件体现为犯罪的故意。这里犯罪的故意，包括直接故意和间接故意。所谓故意，就是行为人明知自己的行为会危害公共安全，有可能造成不特定的多数人伤亡或者公私财产的重大损失，并且希望或者放任这种结果的发生。间接故意是犯罪分子知道结果有可能会危害他人生命、健康和财产安全，但还放任这种结果的发生。犯罪分子在实施装载机撞人、撞物时，主观上的心理状态是持故意的态度，也就是他有积极实施这样的危害行为，并有积极追求或放任危害结果发生。

◇ 案例十：群体性事件

一、案情简介

2005年某自治州多地区因自然资源而引发数千人参与的群体事件，此次事件发生在边远民族地区，民族关系复杂，现场情况多变，闹事人群行为过激。这次事件虽然起因于自然资源的纠纷，但由于发生在少数民族聚集地，且部队面对的群众成分复杂，既有当地的牧民群众，又有外地的采挖群众；既有事件的策划者、组织者和骨干分子，也有被裹胁的群众，还有其他违法犯罪分子，稍有不慎，就会授人以柄，极易被少数别有用心的人钻空子，乘机煽风点火、蛊惑和煽动群众，导致出现多种矛盾交织并发、主次矛盾激化，甚至导致局部质变，使事态难以控制。

二、法律分析

武警部队遂行处置群体性事件是代表国家行使对社会管理的职能。其是在闪光灯下执法，政治性、敏感性都很强。处置的过程要公开透明并在媒体监督下执法，对于官兵执法的规范性要求很高。官兵在执法过程中稍有不慎、执法越界的情况就会授人以柄，不仅会影响任务完成，还会给党和国家造成负面影响。

1. 事件违法性分析

该群体性事件中，暴徒甚至以抛石对击，致使多人受伤，已经严重扰乱了当地的社会秩序，危害了人民生命财产安全。

第七章 武警使用警械武器实证研究

在该事件中，大部分群众轻微的违法行为触犯了《治安管理处罚法》，而少数不法分子的行为则触犯了我国《刑法》中关于聚众扰乱社会秩序罪和聚众斗殴罪的相关规定，《刑法》第290条第1款规定："聚众扰乱社会秩序，情节严重，致使工作、生产、营业和教学、科研无法进行，造成严重损失的，对首要分子，处三年以上七年以下有期徒刑；对其他积极参与的，处三年以下有期徒刑、拘役、管制或者剥夺政治权利。"《刑法》第292条规定，聚众斗殴的，对首要分子和其他积极参加的，处3年以下有期徒刑、拘役或者管制。聚众斗殴的、在公共场所或者交通要道聚众斗殴，造成社会秩序严重混乱或聚众斗殴人数多，规模大，社会影响恶劣的，对首要分子和其他积极参加的，处3年以上10年以下有期徒刑。同时，《刑法》还规定，在聚众斗殴过程中，致人重伤、死亡的，按故意伤害罪和故意杀人罪定罪处罚。少数不法分子阻碍政府机关工作人员及部队执行任务的行为也触犯了《刑法》的相关规定，根据《刑法》第277条规定，以暴力、威胁方法阻碍国家机关工作人员依法执行职务的，处3年以下有期徒刑、拘役、管制或者罚金。《刑法》第278条规定，煽动群众暴力抗拒国家法律、行政法规实施的，处3年以下有期徒刑、拘役、管制或者剥夺政治权利；造成严重后果的，处3年以上7年以下有期徒刑。《刑法》第368条规定，以暴力、威胁方法阻碍军人依法执行职务的，处3年以下有期徒刑、拘役、管制或者罚金。故意阻碍武装部队军事行动，造成严重后果的，处5年以下有期徒刑或者拘役。

2. 部队参与处置的法律依据

武警部队参与处置是依据宪法和法律履行职能。我国《宪法》规定，国家武装力量的任务是巩固国防抵抗侵略，保卫祖国，保卫人民的和平劳动，参加国家建设事业为人民服务。《国防法》第17条作了与《宪法》第29条相同的规定，进一步明确规定武警部队在中央军事委员会的领导指挥下，担负国家赋予的安全保卫任务，维护社会秩序。《人民武装警察法》第4条规定："人民武装警察部队担负执勤、处置突发社会安全事件、防范和处置恐怖活动、海上维权执法、抢险救援和防卫作战以及中央军事委员会赋予的其他任务。"《人民武装警察法》第16条规定："人民武装警察部队参与处置动乱、暴乱、骚乱、非法聚集事件、群体性事件等突发事件，主要担负下列任务：（一）保卫重要目标安全；（二）封锁、控制有关场所和道路；（三）实施隔离、疏导、带离、驱散行动，制止违法犯罪行为；（四）营救和救护受困人员；（五）武装巡逻，协助开展群众工作，恢复社会秩序。"这里的群体事件就属于其他社会安全事件。该事件造成当地社会秩序混乱，人民群众生命财产受到损害。武警部队有权参加该任务的处置。

3. 区分对象处置

武警官兵在处置群体事件时要注意区分对象处置。对有合理诉求的牧民和不明真相的群众应以说服教育为主，对被裹胁的群众要采取法律感召，对事件的策划者、组织者和骨干分子，还有其他违法犯罪分子，要予以法律威慑和法律打击。可以使用警械控制带离，如果暴力没有进一步升级，没有危及大多数人生命安全的紧迫情形时，该类事件中不能使用武器。

◇ 案例十一：暴乱骚乱事件

一、案情介绍

2008年3月14日，拉萨市区发生了打砸抢烧严重暴力犯罪事件。一些不法分子非法聚集闹事。这些不法分子不听公安干警劝阻，呼喊"藏独"口号，冲撞、谩骂并用棍棒、石块、匕首暴力攻击执勤民警。根据目前掌握的情况，在这次拉萨发生的打砸抢烧暴力事件中，暴徒共砸烂、烧毁车辆56辆，烧死或砍死无辜群众13人，有数十名执勤公安民警受伤，其中重伤4人；有几十名武警受伤，其中重伤6人。暴徒纵火300余处，焚烧民宅、店铺214间。暴徒重点在拉萨八廓街、林廓北路、色拉路、纳金路、二环路、北京中路等地段多处实施打砸抢烧。遭打、砸、抢、烧的有拉萨市二中、海城小学、冲赛康商场、中国银行西藏分行北京东路支行、电信移动营业网点，以及新华社西藏分社、西藏日报社等新闻单位和一些政府机构。[1] 在这次打砸抢烧事件中，暴徒使用的手段极其残忍，令人发指，比如，有1名无辜群众被暴徒浇上汽油活活烧死，还有1名执勤武警被暴徒打晕之

---

[1] "任何破坏西藏稳定、制造分裂的图谋都注定要失败——西藏自治区主席就拉萨打砸抢烧事件答中外记者问"，载《人民日报》2008年3月18日。

后又被用刀子在臀部剜出拳头大的一块肉。

二、法律分析

"3·14"事件是境内外民族分裂分子策划实施的打砸抢烧严重暴力犯罪活动,社会危害性极大,依法应该受到法律的严惩。其严重违法性主要表现在以下几个方面:

1. 严重危害国家安全

《宪法》规定,中华人民共和国公民有维护国家统一和全国各民族团结的义务,禁止破坏民族团结和制造民族分裂的行为。《国家安全法》第77条规定,中华人民共和国公民有维护国家安全的义务,不得有危害国家安全的行为。任何组织和个人进行危害中华人民共和国国家安全的行为都必须受到法律追究。西藏自古都是中国不可分割的领土。"3·14"事件的境内外"藏独"分子,以分裂国家为目的,有预谋、有组织地策划、实施危害国家主权、领土完整与安全,破坏国家统一和民族团结等一系列违法犯罪活动,对国家安全造成了严重危害。

2. 严重侵犯公民人身权利和财产权利

《宪法》和法律规定,国家尊重和保障人权,保护公共财产和公民的合法财产,公民的人身权利不受侵犯,禁止煽动民族仇恨和民族歧视。"3·14"事件中,犯罪分子以维护民族和宗教为幌子,实质是为了民族分裂、破坏国家统一。严重侵害公民的民主权利;犯罪分子以残忍手段杀害伤害民警、武警和无辜群众,严重侵害了公民的人身权、生命权;

犯罪分子抢劫、抢夺、毁坏公私财物、聚众哄抢商铺，严重侵犯了公共财产和公民的财产权利。

3. 严重危害公共安全和社会秩序

稳定的社会秩序是国家稳定的基础，也是人民正常生活的基本保障。国家依法维护社会秩序保障公共安全。《治安管理处罚法》第 2 条规定，扰乱公共秩序，妨害公共安全、妨害社会管理，具有社会危害性，构成犯罪的，依法追究刑事责任，尚不够刑事处罚的，由公安机关给予治安管理处罚。"3·14"事件的"藏独"犯罪分子暴力攻击警察和武警，伤害和杀害人民群众，实施打砸抢烧暴力犯罪行为，引起极大的社会动荡，社会秩序被严重打乱，造成群众恐慌，这些行为严重危害公共安全、扰乱社会秩序。

三、部队参与处置的法律依据

武警部队参与处置是依据宪法和法律履行职能。我国《宪法》规定，国家武装力量的任务是巩固国防，抵抗侵略，保卫祖国，保卫人民的和平劳动，参加国家建设事业，努力为人民服务。《国防法》第 17 条作了与《宪法》第 29 条相同的规定，第 22 条第 3 款进一步明确规定，武警部队是在中央军事委员会的领导指挥下，担负国家赋予的安全保卫任务，维护社会秩序。《人民武装警察法》第 16 条规定："人民武装警察部队参与处置动乱、暴乱、骚乱、非法聚集事件、群体性事件等突发事件，主要担负下列任务：（一）保卫重要目标安全；（二）封锁、控制有关场所和道路；（三）实施隔离、疏导、带离、驱散行动,制止违法犯罪行为;(四)营救和救护受困人员;(五)武装巡逻,协助开展群众工作,恢复社会秩序。""3·14"打砸抢烧严重暴力犯罪事件造成当地社会秩序混乱,人民群众生命财产受到严重威胁和伤害。因此武警部队依照宪法和法律有权参与处置。为依法惩处不法分子提供必要的证据支持;有利于防止西方反华势力捏造事实、挑拨离间,争取国内外社会的理解和支持。

◇ 案例十二:长矛事件

一、案情介绍

一次,一个暴恐团伙制造了暴力袭警事件后逃窜,时任特勤中队班长的刘某和战友第一时间赶到事发地域展开拉网式搜索。

当刘某搜索到一块玉米地时,突然,3名手持砍刀、长矛的暴恐分子恶狼般冲了出来,一刀劈倒了刘某身边的战友。刘某跃起一脚,踢飞了一名暴恐分子的砍刀,顺势用枪托将其打倒。然而,未等他缓过神,另一名暴恐分子的长矛已狠狠刺进刘某的嘴里,顿时他的门牙碎裂,鲜血喷涌。刘某毫不含糊,在倒地的瞬间一枪一个,击毙了2名暴恐分子,逢敌亮剑,绝不退缩。

二、法律分析

捕歼战斗是指缉捕、歼灭暴恐犯罪分子的战斗。很多时

第七章　武警使用警械武器实证研究

候危险系数很高，我方一般占据绝对优势，所以，在这种战斗中仍然要力求以最小的代价完成任务的原则，充分体现武警部队军事权的特殊性。本案中暴恐分子用砍刀砍向战士，刘某遵循了最小武力使用原则，在不使枪支的情况下，使用枪托就能制服犯罪分子的，就避免了使用警械武器的杀伤力。用枪托将其打倒，在没有需要使用武器就可以制服对方的情况下，不需要使用武器，这是符合警械武器使用强度要求的。

结 语

　　武警部队是我国武装力量的重要组成部分，担负着国家赋予的安全保卫任务。武警警械武器使用权是确保武警部队圆满完成安全保卫任务的重要职权。武警警械武器使用权作为强度最高的武警职权，也是风险最高的武警职权，需要严格的法律规制。随着我国法治建设的逐步推进，与武警使用警械武器权有关的法律规范也在不断完善之中，从《人民武装警察法》《反恐怖主义法》等法律的颁行，到相关行政法规和规章的不断充实，使用警械武器的规范从实体性规范到程序性规范都在不断发展中，武警官兵使用警械武器的法律依据日益完备。法律的保障进一步成为武警官兵合法有效使用警械武器的坚实基础。当前，军队改革在强势推进，武警部队改革也在紧锣密鼓地进行，未来的武警部队结构将更为合理、职权将更为完善，武警官兵使用警械武器时将尽享法律为他们提供的充足保障。

参考文献

一、著作类

1. 李可人、李海军主编:《武警法实施研究》,中国社会出版社 2010 年版。

2. 杜树云主编:《中华人民共和国人民武装警察法的释义及适用指南》,中国法制出版社 2010 年版。

3. 杜树云主编:《武警部队建设的里程碑——中华人民共和国人民武装警察法立法大事记略》,人民武警出版社 2011 年版。

4. 周健、钱蘅主编:《武警法学》,法律出版社 2014 年版。

5. 欧阳华:《武警职权法律研究》,人民武警出版社 2012 年版。

6. 欧阳华、李可人主编:《处置突发事件应对法学》,陕西师范大学大学出版社 2009 年版。

7. 李佑标主编:《军事行政法学原理》,国防大学出版社 2010 年版。

8. 钱寿根、王继、仰礼才:《军事行政法学》,国防大学出版社 2012 年版。

9. 张桂英:《军事行政法治论纲》,中国政法大学出版社 2006 年版。

10. 陈晋胜:《警察执法论》,中国民主法制出版社 2001 年版。

11. 孟宪嘉、江礼华主编:《警察学》,重庆出版社 1990 年版。

12. 惠生武：《警察法论纲》，中国政法大学出版社 2000 年版。

13. 中国警察学会编著：《中国警察法学》，群众出版社 2002 年版。

14. 军事科学院世界军事研究部：《俄联邦军事基本情况》，军事科学出版社 2004 年版。

15. 姜明安主编：《行政法学与行政诉讼法》，北京大学出版社 2014 年版。

16. 李金星、李可人主编：《武警法学》，解放军出版社 2005 年版。

17. 杨玉国、李莉：《人民武装警察法实务指导》，人民武警出版社 2010 年版。

18. 朱学萍：《人民武装警察法教程》，蓝天出版社 2011 年版。

二、论文类

19. 赵义兵："试论警察权"，苏州大学 2003 年硕士学位论文。

20. 陈超泽："我国警察武器使用制度法律研究"，复旦大学 2012 届硕士学位论文。

21. 刘春霞："试论《人民武装警察法》的法律性质"，中国人民武装警察部队学院研究生论文。

22. 李小伟："警察执法武力实战运用刍议"，载《公安教育》2007 年第 11 期。

23. 郝辉："论我国警察权的规制"，长春理工大学 2006 年硕士学位论文。

24. 王良顺："论警察使用警械、武器的法律性质与法律责任"，载《武汉公安干部学院学报》2005 年第 4 期

25. 刘德如："使用警械和武器条例第九条'警告'的分析"，载《法制博览》（中）2014 年 5 月 5 日。

26. 刘扬、田守雨："民警违法使用警械武器的反思"，2010 年第 12 期

全国公安教官培训班。

27. 杨明:"关于警察执法中使用武力问题探讨",载《广西政法管理干部学院学报》2014年第6期。

28. 项金发:"论警察合法使用武器的法律标准",载《江西公安专科学校学报》2009年第11期。

29. 方威:"浅谈武警法学独立性",载《武警警种学院学报》2011年第3期。

30. 徐敏:"论行政侵权后的公民权利救济",上海交通大学2009年硕士学位论文。

31. 殷炳华:"对公安民警使用枪支若干问题的思考",载《山东公安专科学校学报》2004年第3期。

32. 陈玮:"警察行政执法中最小使用武力原则研究",华东政法大学2007年硕士学位论文。

33. 李佑标:"人民武装警察法(草案)若干问题评析",2009学习辅导暨研讨会论文集。

34. 欧阳华:"论武警职权",载2009《人民武装警察法》学习辅导暨研讨会论文集。

35. 李可人、张林伟:"武警法律体系的完善",2010年第四届中国军事法治前沿论坛。

36. 钱寿根:"学习《人民武装警察法》的几点法律思考",2010年第四届中国军事法治前沿论坛。

37. 欧阳华:"论武警协助执行权",2010年第四届中国军事法治前沿论坛。

38. 刘宁、董生:"武警部队行政法律责任探析",2010年第四届中国军事法治前沿论坛。

三、法条类

39. 《中华人民共和国人民警察使用警械和武器条例》。
40. 《中华人民共和国人民武装警察法》。
41. 《中华人民共和国人民警察法》。
42. 《中华人民共和国刑法》。
43. 《中华人民共和国突发事件应对法》。
44. 《中华人民共和国监狱法》。
45. 《中华人民共和国看守所条例》。
46. 《中华人民共和国戒严法》。

附 录

一、中华人民共和国人民武装警察法

（2009年8月27日第十一届全国人民代表大会常务委员会第十次会议通过 2020年6月20日第十三届全国人民代表大会常务委员会第十九次会议修订）

第一章 总 则

第一条 为了规范和保障人民武装警察部队履行职责，建设强大的现代化人民武装警察部队，维护国家安全和社会稳定，保护公民、法人和其他组织的合法权益，制定本法。

第二条 人民武装警察部队是中华人民共和国武装力量的重要组成部分，由党中央、中央军事委员会集中统一领导。

第三条 人民武装警察部队坚持中国共产党的绝对领导，贯彻习近平强军思想，贯彻新时代军事战略方针，按照多能一体、维稳维权的战略要求，加强练兵备战、坚持依法从严、加快建设发展，有效履行职责。

第四条 人民武装警察部队担负执勤、处置突发社会安全事件、防范和处置恐怖活动、海上维权执法、抢险救援和防卫作战以及中央军事委员会赋予的其他任务。

第五条 人民武装警察部队应当遵守宪法和法律，忠于职守，依照本法和其他法律的有关规定履行职责。

人民武装警察部队依法履行职责的行为受法律保护。

第六条 对在执行任务中做出突出贡献的人民武装警察，依照有关法律和中央军事委员会的规定给予表彰和奖励。

对协助人民武装警察执行任务有突出贡献的个人和组织，依照有关法律、法规的规定给予表彰和奖励。

第七条 人民武装警察部队实行衔级制度，衔级制度的具体内容由法律另行规定。

第八条 人民武装警察享有法律、法规规定的现役军人的权益。

第二章 组织和指挥

第九条 人民武装警察部队由内卫部队、机动部队、海警部队和院校、研究机构等组成。

内卫部队按照行政区划编设，机动部队按照任务编设，海警部队在沿海地区按照行政区划和任务区域编设。具体编设由中央军事委员会确定。

第十条 人民武装警察部队平时执行任务，由中央军事委员会或者中央军事委员会授权人民武装警察部队组织指挥。

人民武装警察部队平时与人民解放军共同参加抢险救援、

维稳处突、联合训练演习等非战争军事行动，由中央军事委员会授权战区指挥。

人民武装警察部队战时执行任务，由中央军事委员会或者中央军事委员会授权战区组织指挥。

组织指挥具体办法由中央军事委员会规定。

第十一条 中央国家机关、县级以上地方人民政府应当与人民武装警察部队建立任务需求和工作协调机制。

中央国家机关、县级以上地方人民政府因重大活动安全保卫、处置突发社会安全事件、防范和处置恐怖活动、抢险救援等需要人民武装警察部队协助的，应当按照国家有关规定提出需求。

执勤目标单位可以向负责执勤任务的人民武装警察部队提出需求。

第十二条 调动人民武装警察部队执行任务，坚持依法用兵、严格审批的原则，按照指挥关系、职责权限和运行机制组织实施。批准权限和程序由中央军事委员会规定。

遇有重大灾情、险情或者暴力恐怖事件等严重威胁公共安全或者公民人身财产安全的紧急情况，人民武装警察部队应当依照中央军事委员会有关规定采取行动并同时报告。

第十三条 人民武装警察部队根据执行任务需要，参加中央国家机关、县级以上地方人民政府设立的指挥机构，在指挥机构领导下，依照中央军事委员会有关规定实施组织指挥。

第十四条 中央国家机关、县级以上地方人民政府对人民武装警察部队执勤、处置突发社会安全事件、防范和处置恐怖活动、抢险救援工作进行业务指导。

人民武装警察部队执行武装警卫、武装守卫、武装守护、武装警戒、押解、押运等任务，执勤目标单位可以对在本单位担负执勤任务的人民武装警察部队进行执勤业务指导。

第三章 任务和权限

第十五条 人民武装警察部队主要担负下列执勤任务：
（一）警卫对象、重要警卫目标的武装警卫；
（二）重大活动的安全保卫；
（三）重要的公共设施、核设施、企业、仓库、水源地、水利工程、电力设施、通信枢纽等目标的核心要害部位的武装守卫；
（四）重要的桥梁和隧道的武装守护；
（五）监狱、看守所等场所的外围武装警戒；
（六）直辖市、省、自治区人民政府所在地的市和其他重要城市（镇）的重点区域、特殊时期以及特定内陆边界的武装巡逻；
（七）协助公安机关、国家安全机关依法执行逮捕、追捕任务，协助监狱、看守所等执勤目标单位执行押解、追捕任务，协助中国人民银行、国防军工单位等执勤目标单位执行押运任务。

前款规定的执勤任务的具体范围，依照国家有关规定执行。

第十六条 人民武装警察部队参与处置动乱、暴乱、骚乱、非法聚集事件、群体性事件等突发事件，主要担负下列任务：

（一）保卫重要目标安全；

（二）封锁、控制有关场所和道路；

（三）实施隔离、疏导、带离、驱散行动，制止违法犯罪行为；

（四）营救和救护受困人员；

（五）武装巡逻，协助开展群众工作，恢复社会秩序。

第十七条 人民武装警察部队参与防范和处置恐怖活动，主要担负下列任务：

（一）实施恐怖事件现场控制、救援、救护，以及武装巡逻、重点目标警戒；

（二）协助公安机关逮捕、追捕恐怖活动人员；

（三）营救人质、排除爆炸物；

（四）参与处置劫持航空器等交通工具事件。

第十八条 人民武装警察部队参与自然灾害、事故灾难、公共卫生事件等突发事件的抢险救援，主要担负下列任务：

（一）参与搜寻、营救、转移或者疏散受困人员；

（二）参与危险区域、危险场所和警戒区的外围警戒；

（三）参与排除、控制灾情和险情，防范次生和衍生灾害；

（四）参与核生化救援、医疗救护、疫情防控、交通设施抢修抢建等专业抢险；

(五)参与抢救、运送、转移重要物资。

第十九条 人民武装警察执行任务时,可以依法采取下列措施:

(一)对进出警戒区域、通过警戒哨卡的人员、物品、交通工具等按照规定进行检查;对不允许进出、通过的,予以阻止;对强行进出、通过的,采取必要措施予以制止;

(二)在武装巡逻中,经现场指挥员同意并出示人民武装警察证件,对有违法犯罪嫌疑的人员当场进行盘问并查验其证件,对可疑物品和交通工具进行检查;

(三)协助执行交通管制或者现场管制;

(四)对聚众扰乱社会治安秩序、危及公民人身财产安全、危害公共安全或者执勤目标安全的,采取必要措施予以制止、带离、驱散;

(五)根据执行任务的需要,向相关单位和人员了解有关情况或者在现场以及与执行任务相关的场所实施必要的侦察。

第二十条 人民武装警察执行任务时,发现有下列情形的人员,经现场指挥员同意,应当及时予以控制并移交公安机关、国家安全机关或者其他有管辖权的机关处理:

(一)正在实施犯罪的;

(二)通缉在案的;

(三)违法携带危及公共安全物品的;

(四)正在实施危害执勤目标安全行为的;

(五)以暴力、威胁等方式阻碍人民武装警察执行任务的。

第二十一条　人民武装警察部队协助公安机关、国家安全机关和监狱等执行逮捕、追捕任务，根据所协助机关的决定，协助搜查犯罪嫌疑人、被告人、罪犯的人身和住所以及涉嫌藏匿犯罪嫌疑人、被告人、罪犯或者违法物品的场所、交通工具等。

第二十二条　人民武装警察执行执勤、处置突发社会安全事件、防范和处置恐怖活动任务使用警械和武器，依照人民警察使用警械和武器的规定以及其他有关法律、法规的规定执行。

第二十三条　人民武装警察执行任务，遇有妨碍、干扰的，可以采取必要措施排除阻碍、强制实施。

人民武装警察执行任务需要采取措施的，应当严格控制在必要限度内，有多种措施可供选择的，应当选择有利于最大程度地保护个人和组织权益的措施。

第二十四条　人民武装警察因执行任务的紧急需要，经出示人民武装警察证件，可以优先乘坐公共交通工具；遇交通阻碍时，优先通行。

第二十五条　人民武装警察因执行任务的需要，在紧急情况下，经现场指挥员出示人民武装警察证件，可以优先使用或者依法征用个人和组织的设备、设施、场地、建筑物、交通工具以及其他物资、器材，任务完成后应当及时归还或者恢复原状，并按照国家有关规定支付费用；造成损失的，按照国家有关规定给予补偿。

第二十六条　人民武装警察部队出境执行防范和处置恐怖活动等任务，依照有关法律、法规和中央军事委员会的规定执行。

第四章　义务和纪律

第二十七条　人民武装警察应当服从命令、听从指挥，依法履职尽责，坚决完成任务。

第二十八条　人民武装警察遇有公民的人身财产安全受到侵犯或者处于其他危难情形，应当及时救助。

第二十九条　人民武装警察不得有下列行为：

（一）违抗上级决定和命令、行动消极或者临阵脱逃；

（二）违反规定使用警械、武器；

（三）非法剥夺、限制他人人身自由，非法检查、搜查人身、物品、交通工具、住所、场所；

（四）体罚、虐待、殴打监管羁押、控制的对象；

（五）滥用职权、徇私舞弊，擅离职守或者玩忽职守；

（六）包庇、纵容违法犯罪活动；

（七）泄露国家秘密、军事秘密；

（八）其他违法违纪行为。

第三十条　人民武装警察执行任务，应当按照规定着装，持有人民武装警察证件，按照规定使用摄录器材录像取证、出示证件。

第三十一条　人民武装警察应当举止文明，礼貌待人，遵守社会公德，尊重公民的宗教信仰和民族风俗习惯。

第五章　保障措施

第三十二条　为了保障人民武装警察部队执行任务，中央国家机关、县级以上地方人民政府及其有关部门应当依据职责及时向人民武装警察部队通报下列情报信息：

（一）社会安全信息；

（二）恐怖事件、突发事件的情报信息；

（三）气象、水文、海洋环境、地理空间、灾害预警等信息；

（四）其他与执行任务相关的情报信息。

中央国家机关、县级以上地方人民政府应当与人民武装警察部队建立情报信息共享机制，可以采取联通安全信息网络和情报信息系统以及数据库等方式，提供与执行任务相关的情报信息及数据资源。

人民武装警察部队对获取的相关信息，应当严格保密、依法运用。

第三十三条　国家建立与经济社会发展相适应、与人民武装警察部队担负任务和建设发展相协调的经费保障机制。所需经费按照国家有关规定列入预算。

第三十四条　执勤目标单位及其上级主管部门应当按照国家有关规定，为担负执勤任务的人民武装警察部队提供执勤设施、生活设施等必要的保障。

第三十五条　在有毒、粉尘、辐射、噪声等严重污染或者高温、低温、缺氧以及其他恶劣环境下的执勤目标单位执行任务的人民武装警察，享有与执勤目标单位工作人员同等的保护条件和福利补助，由执勤目标单位或者其上级主管部门给予保障。

第三十六条　人民武装警察部队的专用标志、制式服装、警械装备、证件、印章，按照中央军事委员会有关规定监制和配备。

第三十七条　人民武装警察部队应当根据执行任务的需要，加强对所属人民武装警察的教育和训练，提高依法执行任务的能力。

第三十八条　人民武装警察因执行任务牺牲、伤残的，按照国家有关军人抚恤优待的规定给予抚恤优待。

第三十九条　人民武装警察部队依法执行任务，公民、法人和其他组织应当给予必要的支持和协助。

公民、法人和其他组织对人民武装警察部队执行任务给予协助的行为受法律保护。

公民、法人和其他组织因协助人民武装警察部队执行任务牺牲、伤残或者遭受财产损失的，按照国家有关规定给予抚恤优待或者相应补偿。

第六章　监督检查

第四十条　人民武装警察部队应当对所属单位和人员执行法律、法规和遵守纪律的情况进行监督检查。

第四十一条　人民武装警察受中央军事委员会监察委员会、人民武装警察部队各级监察委员会的监督。

人民武装警察执行执勤、处置突发社会安全事件、防范和处置恐怖活动、海上维权执法、抢险救援任务，接受人民政府及其有关部门、公民、法人和其他组织的监督。

第四十二条　中央军事委员会监察委员会、人民武装警察部队各级监察委员会接到公民、法人和其他组织的检举、控告，或者接到县级以上人民政府及其有关部门对人民武装警察违法违纪行为的情况通报后，应当依法及时查处，按照有关规定将处理结果反馈检举人、控告人或者通报县级以上人民政府及其有关部门。

第七章　法律责任

第四十三条　人民武装警察在执行任务中不履行职责，或者有本法第二十九条所列行为之一的，按照中央军事委员会的有关规定给予处分。

第四十四条　妨碍人民武装警察依法执行任务，有下列行为之一的，由公安机关依法给予治安管理处罚：

（一）侮辱、威胁、围堵、拦截、袭击正在执行任务的人民武装警察的；

（二）强行冲闯人民武装警察部队设置的警戒带、警戒区的；

（三）拒绝或者阻碍人民武装警察执行追捕、检查、搜查、救险、警戒等任务的；

（四）阻碍执行任务的人民武装警察部队的交通工具和人员通行的；

（五）其他严重妨碍人民武装警察执行任务的行为。

第四十五条　非法制造、买卖、持有、使用人民武装警察部队专用标志、警械装备、证件、印章的，由公安机关处十五日以下拘留或者警告，可以并处违法所得一倍以上五倍以下的罚款。

第四十六条　违反本法规定，构成犯罪的，依法追究刑事责任。

第八章　附　则

第四十七条　人民武装警察部队执行海上维权执法任务，由法律另行规定。

第四十八条　人民武装警察部队执行防卫作战任务，依照中央军事委员会的命令执行。

第四十九条　人民武装警察部队执行戒严任务，依照《中华人民共和国戒严法》的有关规定执行。

第五十条　人民武装警察部队文职人员在执行本法规定的任务时，依法履行人民武装警察的有关职责和义务，享有相应权益。

第五十一条　本法自 2020 年 6 月 21 日起施行。

二、中华人民共和国反恐怖主义法

（2015 年 12 月 27 日第十二届全国人民代表大会常务委员会第十八次会议通过　根据 2018 年 4 月 27 日第十三届全

国人民代表大会常务委员会第二次会议《关于修改〈中华人民共和国国境卫生检疫法〉等六部法律的决定》修正)

第一章 总 则

第一条 为了防范和惩治恐怖活动，加强反恐怖主义工作，维护国家安全、公共安全和人民生命财产安全，根据宪法，制定本法。

第二条 国家反对一切形式的恐怖主义，依法取缔恐怖活动组织，对任何组织、策划、准备实施、实施恐怖活动，宣扬恐怖主义，煽动实施恐怖活动，组织、领导、参加恐怖活动组织，为恐怖活动提供帮助的，依法追究法律责任。

国家不向任何恐怖活动组织和人员作出妥协，不向任何恐怖活动人员提供庇护或者给予难民地位。

第三条 本法所称恐怖主义，是指通过暴力、破坏、恐吓等手段，制造社会恐慌、危害公共安全、侵犯人身财产，或者胁迫国家机关、国际组织，以实现其政治、意识形态等目的的主张和行为。

本法所称恐怖活动，是指恐怖主义性质的下列行为：

（一）组织、策划、准备实施、实施造成或者意图造成人员伤亡、重大财产损失、公共设施损坏、社会秩序混乱等严重社会危害的活动的；

（二）宣扬恐怖主义，煽动实施恐怖活动，或者非法持有宣扬恐怖主义的物品，强制他人在公共场所穿戴宣扬恐怖主义的服饰、标志的；

(三) 组织、领导、参加恐怖活动组织的；

(四) 为恐怖活动组织、恐怖活动人员、实施恐怖活动或者恐怖活动培训提供信息、资金、物资、劳务、技术、场所等支持、协助、便利的；

(五) 其他恐怖活动。

本法所称恐怖活动组织，是指三人以上为实施恐怖活动而组成的犯罪组织。

本法所称恐怖活动人员，是指实施恐怖活动的人和恐怖活动组织的成员。

本法所称恐怖事件，是指正在发生或者已经发生的造成或者可能造成重大社会危害的恐怖活动。

第四条 国家将反恐怖主义纳入国家安全战略，综合施策，标本兼治，加强反恐怖主义的能力建设，运用政治、经济、法律、文化、教育、外交、军事等手段，开展反恐怖主义工作。

国家反对一切形式的以歪曲宗教教义或者其他方法煽动仇恨、煽动歧视、鼓吹暴力等极端主义，消除恐怖主义的思想基础。

第五条 反恐怖主义工作坚持专门工作与群众路线相结合，防范为主、惩防结合和先发制敌、保持主动的原则。

第六条 反恐怖主义工作应当依法进行，尊重和保障人权，维护公民和组织的合法权益。

在反恐怖主义工作中，应当尊重公民的宗教信仰自由和民族风俗习惯，禁止任何基于地域、民族、宗教等理由的歧视性做法。

第七条 国家设立反恐怖主义工作领导机构，统一领导和指挥全国反恐怖主义工作。

设区的市级以上地方人民政府设立反恐怖主义工作领导机构，县级人民政府根据需要设立反恐怖主义工作领导机构，在上级反恐怖主义工作领导机构的领导和指挥下，负责本地区反恐怖主义工作。

第八条 公安机关、国家安全机关和人民检察院、人民法院、司法行政机关以及其他有关国家机关，应当根据分工，实行工作责任制，依法做好反恐怖主义工作。

中国人民解放军、中国人民武装警察部队和民兵组织依照本法和其他有关法律、行政法规、军事法规以及国务院、中央军事委员会的命令，并根据反恐怖主义工作领导机构的部署，防范和处置恐怖活动。

有关部门应当建立联动配合机制，依靠、动员村民委员会、居民委员会、企业事业单位、社会组织，共同开展反恐怖主义工作。

第九条 任何单位和个人都有协助、配合有关部门开展反恐怖主义工作的义务，发现恐怖活动嫌疑或者恐怖活动嫌疑人员的，应当及时向公安机关或者有关部门报告。

第十条 对举报恐怖活动或者协助防范、制止恐怖活动有突出贡献的单位和个人，以及在反恐怖主义工作中作出其他突出贡献的单位和个人，按照国家有关规定给予表彰、奖励。

第十一条 对在中华人民共和国领域外对中华人民共和国国家、公民或者机构实施的恐怖活动犯罪，或者实施的中华人民共和国缔结、参加的国际条约所规定的恐怖活动犯罪，中华人民共和国行使刑事管辖权，依法追究刑事责任。

第二章 恐怖活动组织和人员的认定

第十二条 国家反恐怖主义工作领导机构根据本法第三条的规定，认定恐怖活动组织和人员，由国家反恐怖主义工作领导机构的办事机构予以公告。

第十三条 国务院公安部门、国家安全部门、外交部门和省级反恐怖主义工作领导机构对于需要认定恐怖活动组织和人员的，应当向国家反恐怖主义工作领导机构提出申请。

第十四条 金融机构和特定非金融机构对国家反恐怖主义工作领导机构的办事机构公告的恐怖活动组织和人员的资金或者其他资产，应当立即予以冻结，并按照规定及时向国务院公安部门、国家安全部门和反洗钱行政主管部门报告。

第十五条 被认定的恐怖活动组织和人员对认定不服的，可以通过国家反恐怖主义工作领导机构的办事机构申请复核。国家反恐怖主义工作领导机构应当及时进行复核，作出维持或者撤销认定的决定。复核决定为最终决定。

国家反恐怖主义工作领导机构作出撤销认定的决定的，由国家反恐怖主义工作领导机构的办事机构予以公告；资金、资产已被冻结的，应当解除冻结。

第十六条 根据刑事诉讼法的规定，有管辖权的中级以上人民法院在审判刑事案件的过程中,可以依法认定恐怖活动组织和人员。对于在判决生效后需要由国家反恐怖主义工作领导机构的办事机构予以公告的,适用本章的有关规定。

第三章 安全防范

第十七条 各级人民政府和有关部门应当组织开展反恐怖主义宣传教育,提高公民的反恐怖主义意识。

教育、人力资源行政主管部门和学校、有关职业培训机构应当将恐怖活动预防、应急知识纳入教育、教学、培训的内容。

新闻、广播、电视、文化、宗教、互联网等有关单位,应当有针对性地面向社会进行反恐怖主义宣传教育。

村民委员会、居民委员会应当协助人民政府以及有关部门,加强反恐怖主义宣传教育。

第十八条 电信业务经营者、互联网服务提供者应当为公安机关、国家安全机关依法进行防范、调查恐怖活动提供技术接口和解密等技术支持和协助。

第十九条 电信业务经营者、互联网服务提供者应当依照法律、行政法规规定,落实网络安全、信息内容监督制度和安全技术防范措施,防止含有恐怖主义、极端主义内容的信息传播;发现含有恐怖主义、极端主义内容的信息的,应当立即停止传输,保存相关记录,删除相关信息,并向公安机关或者有关部门报告。

网信、电信、公安、国家安全等主管部门对含有恐怖主义、极端主义内容的信息，应当按照职责分工，及时责令有关单位停止传输、删除相关信息，或者关闭相关网站、关停相关服务。有关单位应当立即执行，并保存相关记录，协助进行调查。对互联网上跨境传输的含有恐怖主义、极端主义内容的信息，电信主管部门应当采取技术措施，阻断传播。

第二十条　铁路、公路、水上、航空的货运和邮政、快递等物流运营单位应当实行安全查验制度，对客户身份进行查验，依照规定对运输、寄递物品进行安全检查或者开封验视。对禁止运输、寄递，存在重大安全隐患，或者客户拒绝安全查验的物品，不得运输、寄递。

前款规定的物流运营单位，应当实行运输、寄递客户身份、物品信息登记制度。

第二十一条　电信、互联网、金融、住宿、长途客运、机动车租赁等业务经营者、服务提供者，应当对客户身份进行查验。对身份不明或者拒绝身份查验的，不得提供服务。

第二十二条　生产和进口单位应当依照规定对枪支等武器、弹药、管制器具、危险化学品、民用爆炸物品、核与放射物品作出电子追踪标识，对民用爆炸物品添加安检示踪标识物。

运输单位应当依照规定对运营中的危险化学品、民用爆炸物品、核与放射物品的运输工具通过定位系统实行监控。

有关单位应当依照规定对传染病病原体等物质实行严格的监督管理，严密防范传染病病原体等物质扩散或者流入非法渠道。

对管制器具、危险化学品、民用爆炸物品，国务院有关主管部门或者省级人民政府根据需要，在特定区域、特定时间，可以决定对生产、进出口、运输、销售、使用、报废实施管制，可以禁止使用现金、实物进行交易或者对交易活动作出其他限制。

第二十三条　发生枪支等武器、弹药、危险化学品、民用爆炸物品、核与放射物品、传染病病原体等物质被盗、被抢、丢失或者其他流失的情形，案发单位应当立即采取必要的控制措施，并立即向公安机关报告，同时依照规定向有关主管部门报告。公安机关接到报告后，应当及时开展调查。有关主管部门应当配合公安机关开展工作。

任何单位和个人不得非法制作、生产、储存、运输、进出口、销售、提供、购买、使用、持有、报废、销毁前款规定的物品。公安机关发现的，应当予以扣押；其他主管部门发现的，应当予以扣押，并立即通报公安机关；其他单位、个人发现的，应当立即向公安机关报告。

第二十四条　国务院反洗钱行政主管部门、国务院有关部门、机构依法对金融机构和特定非金融机构履行反恐怖主义融资义务的情况进行监督管理。

国务院反洗钱行政主管部门发现涉嫌恐怖主义融资的，可以依法进行调查，采取临时冻结措施。

第二十五条　审计、财政、税务等部门在依照法律、行政法规的规定对有关单位实施监督检查的过程中，发现资金流入流出涉嫌恐怖主义融资的，应当及时通报公安机关。

第二十六条　海关在对进出境人员携带现金和无记名有价证券实施监管的过程中，发现涉嫌恐怖主义融资的，应当立即通报国务院反洗钱行政主管部门和有管辖权的公安机关。

第二十七条　地方各级人民政府制定、组织实施城乡规划，应当符合反恐怖主义工作的需要。

地方各级人民政府应当根据需要，组织、督促有关建设单位在主要道路、交通枢纽、城市公共区域的重点部位，配备、安装公共安全视频图像信息系统等防范恐怖袭击的技防、物防设备、设施。

第二十八条　公安机关和有关部门对宣扬极端主义，利用极端主义危害公共安全、扰乱公共秩序、侵犯人身财产、妨害社会管理的，应当及时予以制止，依法追究法律责任。

公安机关发现极端主义活动的，应当责令立即停止，将有关人员强行带离现场并登记身份信息，对有关物品、资料予以收缴，对非法活动场所予以查封。

任何单位和个人发现宣扬极端主义的物品、资料、信息的，应当立即向公安机关报告。

第二十九条　对被教唆、胁迫、引诱参与恐怖活动、极端主义活动，或者参与恐怖活动、极端主义活动情节轻微，尚不构成犯罪的人员，公安机关应当组织有关部门、村民委员会、居民委员会、所在单位、就读学校、家庭和监护人对其进行帮教。

监狱、看守所、社区矫正机构应当加强对服刑的恐怖活动罪犯和极端主义罪犯的管理、教育、矫正等工作。监狱、看守所对恐怖活动罪犯和极端主义罪犯，根据教育改造和维护监管秩序的需要，可以与普通刑事罪犯混合关押，也可以个别关押。

第三十条　对恐怖活动罪犯和极端主义罪犯被判处徒刑以上刑罚的，监狱、看守所应当在刑满释放前根据其犯罪性质、情节和社会危害程度，服刑期间的表现，释放后对所居住社区的影响等进行社会危险性评估。进行社会危险性评估，应当听取有关基层组织和原办案机关的意见。经评估具有社会危险性的，监狱、看守所应当向罪犯服刑地的中级人民法院提出安置教育建议，并将建议书副本抄送同级人民检察院。

罪犯服刑地的中级人民法院对于确有社会危险性的，应当在罪犯刑满释放前作出责令其在刑满释放后接受安置教育的决定。决定书副本应当抄送同级人民检察院。被决定安置教育的人员对决定不服的，可以向上一级人民法院申请复议。

安置教育由省级人民政府组织实施。安置教育机构应当每年对被安置教育人员进行评估，对于确有悔改表现，不致再危害社会的，应当及时提出解除安置教育的意见，报决定安置教育的中级人民法院作出决定。被安置教育人员有权申请解除安置教育。

人民检察院对安置教育的决定和执行实行监督。

第三十一条　公安机关应当会同有关部门，将遭受恐怖袭击的可能性较大以及遭受恐怖袭击可能造成重大的人身伤亡、财产损失或者社会影响的单位、场所、活动、设施等确定为防范恐怖袭击的重点目标，报本级反恐怖主义工作领导机构备案。

第三十二条 重点目标的管理单位应当履行下列职责：

（一）制定防范和应对处置恐怖活动的预案、措施，定期进行培训和演练；

（二）建立反恐怖主义工作专项经费保障制度，配备、更新防范和处置设备、设施；

（三）指定相关机构或者落实责任人员，明确岗位职责；

（四）实行风险评估，实时监测安全威胁，完善内部安全管理；

（五）定期向公安机关和有关部门报告防范措施落实情况。

重点目标的管理单位应当根据城乡规划、相关标准和实际需要，对重点目标同步设计、同步建设、同步运行符合本法第二十七条规定的技防、物防设备、设施。

重点目标的管理单位应当建立公共安全视频图像信息系统值班监看、信息保存使用、运行维护等管理制度，保障相关系统正常运行。采集的视频图像信息保存期限不得少于九十日。

对重点目标以外的涉及公共安全的其他单位、场所、活动、设施，其主管部门和管理单位应当依照法律、行政法规规定，建立健全安全管理制度，落实安全责任。

第三十三条 重点目标的管理单位应当对重要岗位人员进行安全背景审查。对有不适合情形的人员，应当调整工作岗位，并将有关情况通报公安机关。

第三十四条　大型活动承办单位以及重点目标的管理单位应当依照规定，对进入大型活动场所、机场、火车站、码头、城市轨道交通站、公路长途客运站、口岸等重点目标的人员、物品和交通工具进行安全检查。发现违禁品和管制物品，应当予以扣留并立即向公安机关报告；发现涉嫌违法犯罪人员，应当立即向公安机关报告。

第三十五条　对航空器、列车、船舶、城市轨道车辆、公共电汽车等公共交通运输工具，营运单位应当依照规定配备安保人员和相应设备、设施，加强安全检查和保卫工作。

第三十六条　公安机关和有关部门应当掌握重点目标的基础信息和重要动态，指导、监督重点目标的管理单位履行防范恐怖袭击的各项职责。

公安机关、中国人民武装警察部队应当依照有关规定对重点目标进行警戒、巡逻、检查。

第三十七条　飞行管制、民用航空、公安等主管部门应当按照职责分工，加强空域、航空器和飞行活动管理，严密防范针对航空器或者利用飞行活动实施的恐怖活动。

第三十八条　各级人民政府和军事机关应当在重点国（边）境地段和口岸设置拦阻隔离网、视频图像采集和防越境报警设施。

公安机关和中国人民解放军应当严密组织国（边）境巡逻，依照规定对抵离国（边）境前沿、进出国（边）境管理区和国（边）境通道、口岸的人员、交通运输工具、物品，以及沿海沿边地区的船舶进行查验。

第三十九条　出入境证件签发机关、出入境边防检查机关对恐怖活动人员和恐怖活动嫌疑人员，有权决定不准其出境入境、不予签发出境入境证件或者宣布其出境入境证件作废。

第四十条　海关、出入境边防检查机关发现恐怖活动嫌疑人员或者涉嫌恐怖活动物品的，应当依法扣留，并立即移送公安机关或者国家安全机关。

第四十一条　国务院外交、公安、国家安全、发展改革、工业和信息化、商务、旅游等主管部门应当建立境外投资合作、旅游等安全风险评估制度，对中国在境外的公民以及驻外机构、设施、财产加强安全保护，防范和应对恐怖袭击。

第四十二条　驻外机构应当建立健全安全防范制度和应对处置预案，加强对有关人员、设施、财产的安全保护。

第四章　情报信息

第四十三条　国家反恐怖主义工作领导机构建立国家反恐怖主义情报中心，实行跨部门、跨地区情报信息工作机制，统筹反恐怖主义情报信息工作。

有关部门应当加强反恐怖主义情报信息搜集工作，对搜集的有关线索、人员、行动类情报信息，应当依照规定及时统一归口报送国家反恐怖主义情报中心。

地方反恐怖主义工作领导机构应当建立跨部门情报信息工作机制，组织开展反恐怖主义情报信息工作，对重要的情报信息，应当及时向上级反恐怖主义工作领导机构报告，对涉及其他地方的紧急情报信息，应当及时通报相关地方。

第四十四条　公安机关、国家安全机关和有关部门应当依靠群众，加强基层基础工作，建立基层情报信息工作力量，提高反恐怖主义情报信息工作能力。

第四十五条　公安机关、国家安全机关、军事机关在其职责范围内，因反恐怖主义情报信息工作的需要，根据国家有关规定，经过严格的批准手续，可以采取技术侦查措施。

依照前款规定获取的材料，只能用于反恐怖主义应对处置和对恐怖活动犯罪、极端主义犯罪的侦查、起诉和审判，不得用于其他用途。

第四十六条　有关部门对于在本法第三章规定的安全防范工作中获取的信息，应当根据国家反恐怖主义情报中心的要求，及时提供。

第四十七条　国家反恐怖主义情报中心、地方反恐怖主义工作领导机构以及公安机关等有关部门应当对有关情报信息进行筛查、研判、核查、监控，认为有发生恐怖事件危险，需要采取相应的安全防范、应对处置措施的，应当及时通报有关部门和单位，并可以根据情况发出预警。有关部门和单位应当根据通报做好安全防范、应对处置工作。

第四十八条　反恐怖主义工作领导机构、有关部门和单位、个人应当对履行反恐怖主义工作职责、义务过程中知悉的国家秘密、商业秘密和个人隐私予以保密。

违反规定泄露国家秘密、商业秘密和个人隐私的，依法追究法律责任。

第五章 调 查

第四十九条 公安机关接到恐怖活动嫌疑的报告或者发现恐怖活动嫌疑，需要调查核实的，应当迅速进行调查。

第五十条 公安机关调查恐怖活动嫌疑，可以依照有关法律规定对嫌疑人员进行盘问、检查、传唤，可以提取或者采集肖像、指纹、虹膜图像等人体生物识别信息和血液、尿液、脱落细胞等生物样本，并留存其签名。

公安机关调查恐怖活动嫌疑，可以通知了解有关情况的人员到公安机关或者其他地点接受询问。

第五十一条 公安机关调查恐怖活动嫌疑，有权向有关单位和个人收集、调取相关信息和材料。有关单位和个人应当如实提供。

第五十二条 公安机关调查恐怖活动嫌疑，经县级以上公安机关负责人批准，可以查询嫌疑人员的存款、汇款、债券、股票、基金份额等财产，可以采取查封、扣押、冻结措施。查封、扣押、冻结的期限不得超过二个月，情况复杂的，可以经上一级公安机关负责人批准延长一个月。

第五十三条 公安机关调查恐怖活动嫌疑，经县级以上公安机关负责人批准，可以根据其危险程度，责令恐怖活动嫌疑人员遵守下列一项或者多项约束措施：

（一）未经公安机关批准不得离开所居住的市、县或者指定的处所；

（二）不得参加大型群众性活动或者从事特定的活动；

（三）未经公安机关批准不得乘坐公共交通工具或者进入特定的场所；

（四）不得与特定的人员会见或者通信；

（五）定期向公安机关报告活动情况；

（六）将护照等出入境证件、身份证件、驾驶证件交公安机关保存。

公安机关可以采取电子监控、不定期检查等方式对其遵守约束措施的情况进行监督。

采取前两款规定的约束措施的期限不得超过三个月。对不需要继续采取约束措施的，应当及时解除。

第五十四条　公安机关经调查，发现犯罪事实或者犯罪嫌疑人的，应当依照刑事诉讼法的规定立案侦查。本章规定的有关期限届满，公安机关未立案侦查的，应当解除有关措施。

第六章　应对处置

第五十五条　国家建立健全恐怖事件应对处置预案体系。

国家反恐怖主义工作领导机构应当针对恐怖事件的规律、特点和可能造成的社会危害，分级、分类制定国家应对处置预案，具体规定恐怖事件应对处置的组织指挥体系和恐怖事件安全防范、应对处置程序以及事后社会秩序恢复等内容。

有关部门、地方反恐怖主义工作领导机构应当制定相应的应对处置预案。

第五十六条　应对处置恐怖事件，各级反恐怖主义工作领导机构应当成立由有关部门参加的指挥机构,实行指挥长负责制。反恐怖主义工作领导机构负责人可以担任指挥长,也可以确定公安机关负责人或者反恐怖主义工作领导机构的其他成员单位负责人担任指挥长。

跨省、自治区、直辖市发生的恐怖事件或者特别重大恐怖事件的应对处置,由国家反恐怖主义工作领导机构负责指挥;在省、自治区、直辖市范围内发生的涉及多个行政区域的恐怖事件或者重大恐怖事件的应对处置,由省级反恐怖主义工作领导机构负责指挥。

第五十七条 恐怖事件发生后,发生地反恐怖主义工作领导机构应当立即启动恐怖事件应对处置预案,确定指挥长。有关部门和中国人民解放军、中国人民武装警察部队、民兵组织,按照反恐怖主义工作领导机构和指挥长的统一领导、指挥,协同开展打击、控制、救援、救护等现场应对处置工作。

上级反恐怖主义工作领导机构可以对应对处置工作进行指导,必要时调动有关反恐怖主义力量进行支援。

需要进入紧急状态的,由全国人民代表大会常务委员会或者国务院依照宪法和其他有关法律规定的权限和程序决定。

第五十八条 发现恐怖事件或者疑似恐怖事件后,公安机关应当立即进行处置,并向反恐怖主义工作领导机构报告;中国人民解放军、中国人民武装警察部队发现正在实施恐怖活动的,应当立即予以控制并将案件及时移交公安机关。

反恐怖主义工作领导机构尚未确定指挥长的,由在场处置的公安机关职级最高的人员担任现场指挥员。公安机关未能到达现场的,由在场处置的中国人民解放军或者中国人民武装警察部队职级最高的人员担任现场指挥员。现场应对处置人员无论是否属于同一单位、系统,均应当服从现场指挥员的指挥。

指挥长确定后,现场指挥员应当向其请示、报告工作或者有关情况。

第五十九条 中华人民共和国在境外的机构、人员、重要设施遭受或者可能遭受恐怖袭击的,国务院外交、公安、国家安全、商务、金融、国有资产监督管理、旅游、交通运输等主管部门应当及时启动应对处置预案。国务院外交部门应当协调有关国家采取相应措施。

中华人民共和国在境外的机构、人员、重要设施遭受严重恐怖袭击后,经与有关国家协商同意,国家反恐怖主义工作领导机构可以组织外交、公安、国家安全等部门派出工作人员赴境外开展应对处置工作。

第六十条 应对处置恐怖事件,应当优先保护直接受到恐怖活动危害、威胁人员的人身安全。

第六十一条 恐怖事件发生后,负责应对处置的反恐怖主义工作领导机构可以决定由有关部门和单位采取下列一项或者多项应对处置措施:

(一)组织营救和救治受害人员,疏散、撤离并妥善安置受到威胁的人员以及采取其他救助措施;

(二)封锁现场和周边道路,查验现场人员的身份证件,在有关场所附近设置临时警戒线；

（三）在特定区域内实施空域、海（水）域管制，对特定区域内的交通运输工具进行检查；

（四）在特定区域内实施互联网、无线电、通讯管制；

（五）在特定区域内或者针对特定人员实施出境入境管制；

（六）禁止或者限制使用有关设备、设施，关闭或者限制使用有关场所，中止人员密集的活动或者可能导致危害扩大的生产经营活动；

（七）抢修被损坏的交通、电信、互联网、广播电视、供水、排水、供电、供气、供热等公共设施；

（八）组织志愿人员参加反恐怖主义救援工作，要求具有特定专长的人员提供服务；

（九）其他必要的应对处置措施。

采取前款第三项至第五项规定的应对处置措施，由省级以上反恐怖主义工作领导机构决定或者批准；采取前款第六项规定的应对处置措施，由设区的市级以上反恐怖主义工作领导机构决定。应对处置措施应当明确适用的时间和空间范围，并向社会公布。

第六十二条 人民警察、人民武装警察以及其他依法配备、携带武器的应对处置人员，对在现场持枪支、刀具等凶器或者使用其他危险方法，正在或者准备实施暴力行为的人员，经警告无效的，可以使用武器；紧急情况下或者警告后可能导致更为严重危害后果的，可以直接使用武器。

第六十三条 恐怖事件发生、发展和应对处置信息,由恐怖事件发生地的省级反恐怖主义工作领导机构统一发布;跨省、自治区、直辖市发生的恐怖事件,由指定的省级反恐怖主义工作领导机构统一发布。

任何单位和个人不得编造、传播虚假恐怖事件信息;不得报道、传播可能引起模仿的恐怖活动的实施细节;不得发布恐怖事件中残忍、不人道的场景;在恐怖事件的应对处置过程中,除新闻媒体经负责发布信息的反恐怖主义工作领导机构批准外,不得报道、传播现场应对处置的工作人员、人质身份信息和应对处置行动情况。

第六十四条 恐怖事件应对处置结束后,各级人民政府应当组织有关部门帮助受影响的单位和个人尽快恢复生活、生产,稳定受影响地区的社会秩序和公众情绪。

第六十五条 当地人民政府应当及时给予恐怖事件受害人员及其近亲属适当的救助,并向失去基本生活条件的受害人员及其近亲属及时提供基本生活保障。卫生、医疗保障等主管部门应当为恐怖事件受害人员及其近亲属提供心理、医疗等方面的援助。

第六十六条 公安机关应当及时对恐怖事件立案侦查,查明事件发生的原因、经过和结果,依法追究恐怖活动组织、人员的刑事责任。

第六十七条 反恐怖主义工作领导机构应当对恐怖事件的发生和应对处置工作进行全面分析、总结评估,提出防范和应对处置改进措施,向上一级反恐怖主义工作领导机构报告。

第七章 国际合作

第六十八条 中华人民共和国根据缔结或者参加的国际条约，或者按照平等互惠原则，与其他国家、地区、国际组织开展反恐怖主义合作。

第六十九条 国务院有关部门根据国务院授权，代表中国政府与外国政府和有关国际组织开展反恐怖主义政策对话、情报信息交流、执法合作和国际资金监管合作。

在不违背我国法律的前提下，边境地区的县级以上地方人民政府及其主管部门，经国务院或者中央有关部门批准，可以与相邻国家或者地区开展反恐怖主义情报信息交流、执法合作和国际资金监管合作。

第七十条 涉及恐怖活动犯罪的刑事司法协助、引渡和被判刑人移管，依照有关法律规定执行。

第七十一条 经与有关国家达成协议，并报国务院批准，国务院公安部门、国家安全部门可以派员出境执行反恐怖主义任务。

中国人民解放军、中国人民武装警察部队派员出境执行反恐怖主义任务，由中央军事委员会批准。

第七十二条 通过反恐怖主义国际合作取得的材料可以在行政处罚、刑事诉讼中作为证据使用，但我方承诺不作为证据使用的除外。

第八章　保障措施

第七十三条　国务院和县级以上地方各级人民政府应当按照事权划分，将反恐怖主义工作经费分别列入同级财政预算。

国家对反恐怖主义重点地区给予必要的经费支持，对应对处置大规模恐怖事件给予经费保障。

第七十四条　公安机关、国家安全机关和有关部门，以及中国人民解放军、中国人民武装警察部队，应当依照法律规定的职责，建立反恐怖主义专业力量，加强专业训练，配备必要的反恐怖主义专业设备、设施。

县级、乡级人民政府根据需要，指导有关单位、村民委员会、居民委员会建立反恐怖主义工作力量、志愿者队伍，协助、配合有关部门开展反恐怖主义工作。

第七十五条　对因履行反恐怖主义工作职责或者协助、配合有关部门开展反恐怖主义工作导致伤残或者死亡的人员，按照国家有关规定给予相应的待遇。

第七十六条　因报告和制止恐怖活动，在恐怖活动犯罪案件中作证，或者从事反恐怖主义工作，本人或者其近亲属的人身安全面临危险的，经本人或者其近亲属提出申请，公安机关、有关部门应当采取下列一项或者多项保护措施：

（一）不公开真实姓名、住址和工作单位等个人信息；

（二）禁止特定的人接触被保护人员；

（三）对人身和住宅采取专门性保护措施；

(四)变更被保护人员的姓名,重新安排住所和工作单位;

(五)其他必要的保护措施。

公安机关、有关部门应当依照前款规定,采取不公开被保护单位的真实名称、地址,禁止特定的人接近被保护单位,对被保护单位办公、经营场所采取专门性保护措施,以及其他必要的保护措施。

第七十七条 国家鼓励、支持反恐怖主义科学研究和技术创新,开发和推广使用先进的反恐怖主义技术、设备。

第七十八条 公安机关、国家安全机关、中国人民解放军、中国人民武装警察部队因履行反恐怖主义职责的紧急需要,根据国家有关规定,可以征用单位和个人的财产。任务完成后应当及时归还或者恢复原状,并依照规定支付相应费用;造成损失的,应当补偿。

因开展反恐怖主义工作对有关单位和个人的合法权益造成损害的,应当依法给予赔偿、补偿。有关单位和个人有权依法请求赔偿、补偿。

第九章 法律责任

第七十九条 组织、策划、准备实施、实施恐怖活动,宣扬恐怖主义,煽动实施恐怖活动,非法持有宣扬恐怖主义的物品,强制他人在公共场所穿戴宣扬恐怖主义的服饰、标志,组织、领导、参加恐怖活动组织,为恐怖活动组织、恐怖活动人员、实施恐怖活动或者恐怖活动培训提供帮助的,依法追究刑事责任。

第八十条 参与下列活动之一，情节轻微，尚不构成犯罪的，由公安机关处十日以上十五日以下拘留，可以并处一万元以下罚款：

（一）宣扬恐怖主义、极端主义或者煽动实施恐怖活动、极端主义活动的；

（二）制作、传播、非法持有宣扬恐怖主义、极端主义的物品的；

（三）强制他人在公共场所穿戴宣扬恐怖主义、极端主义的服饰、标志的；

（四）为宣扬恐怖主义、极端主义或者实施恐怖主义、极端主义活动提供信息、资金、物资、劳务、技术、场所等支持、协助、便利的。

第八十一条 利用极端主义，实施下列行为之一，情节轻微，尚不构成犯罪的，由公安机关处五日以上十五日以下拘留，可以并处一万元以下罚款：

（一）强迫他人参加宗教活动，或者强迫他人向宗教活动场所、宗教教职人员提供财物或者劳务的；

（二）以恐吓、骚扰等方式驱赶其他民族或者有其他信仰的人员离开居住地的；

（三）以恐吓、骚扰等方式干涉他人与其他民族或者有其他信仰的人员交往、共同生活的；

（四）以恐吓、骚扰等方式干涉他人生活习俗、方式和生产经营的；

（五）阻碍国家机关工作人员依法执行职务的；

（六）歪曲、诋毁国家政策、法律、行政法规，煽动、教唆抵制人民政府依法管理的；

（七）煽动、胁迫群众损毁或者故意损毁居民身份证、户口簿等国家法定证件以及人民币的；

（八）煽动、胁迫他人以宗教仪式取代结婚、离婚登记的；

（九）煽动、胁迫未成年人不接受义务教育的；

（十）其他利用极端主义破坏国家法律制度实施的。

第八十二条　明知他人有恐怖活动犯罪、极端主义犯罪行为，窝藏、包庇，情节轻微，尚不构成犯罪的，或者在司法机关向其调查有关情况、收集有关证据时，拒绝提供的，由公安机关处十日以上十五日以下拘留，可以并处一万元以下罚款。

第八十三条　金融机构和特定非金融机构对国家反恐怖主义工作领导机构的办事机构公告的恐怖活动组织及恐怖活动人员的资金或者其他资产，未立即予以冻结的，由公安机关处二十万元以上五十万元以下罚款，并对直接负责的董事、高级管理人员和其他直接责任人员处十万元以下罚款；情节严重的，处五十万元以上罚款，并对直接负责的董事、高级管理人员和其他直接责任人员，处十万元以上五十万元以下罚款，可以并处五日以上十五日以下拘留。

第八十四条　电信业务经营者、互联网服务提供者有下列情形之一的，由主管部门处二十万元以上五十万元以下罚款,并对其直接负责的主管人员和其他直接责任人员处十万元以下罚款;情节严重的,处五十万元以上罚款,并对其直接负责的主管人员和其他直接责任人员,处十万元以上五十万元以下罚款,可以由公安机关对其直接负责的主管人员和其他直接责任人员,处五日以上十五日以下拘留:

(一)未依照规定为公安机关、国家安全机关依法进行防范、调查恐怖活动提供技术接口和解密等技术支持和协助的;

(二)未按照主管部门的要求,停止传输、删除含有恐怖主义、极端主义内容的信息,保存相关记录,关闭相关网站或者关停相关服务的;

(三)未落实网络安全、信息内容监督制度和安全技术防范措施,造成含有恐怖主义、极端主义内容的信息传播,情节严重的。

第八十五条 铁路、公路、水上、航空的货运和邮政、快递等物流运营单位有下列情形之一的,由主管部门处十万元以上五十万元以下罚款,并对其直接负责的主管人员和其他直接责任人员处十万元以下罚款:

(一)未实行安全查验制度,对客户身份进行查验,或者未依照规定对运输、寄递物品进行安全检查或者开封验视的;

(二)对禁止运输、寄递,存在重大安全隐患,或者客户拒绝安全查验的物品予以运输、寄递的;

(三)未实行运输、寄递客户身份、物品信息登记制度的。

第八十六条　电信、互联网、金融业务经营者、服务提供者未按规定对客户身份进行查验，或者对身份不明、拒绝身份查验的客户提供服务的，主管部门应当责令改正；拒不改正的，处二十万元以上五十万元以下罚款，并对其直接负责的主管人员和其他直接责任人员处十万元以下罚款；情节严重的，处五十万元以上罚款，并对其直接负责的主管人员和其他直接责任人员，处十万元以上五十万元以下罚款。

住宿、长途客运、机动车租赁等业务经营者、服务提供者有前款规定情形的，由主管部门处十万元以上五十万元以下罚款，并对其直接负责的主管人员和其他直接责任人员处十万元以下罚款。

第八十七条　违反本法规定，有下列情形之一的，由主管部门给予警告，并责令改正；拒不改正的，处十万元以下罚款，并对其直接负责的主管人员和其他直接责任人员处一万元以下罚款：

（一）未依照规定对枪支等武器、弹药、管制器具、危险化学品、民用爆炸物品、核与放射物品作出电子追踪标识，对民用爆炸物品添加安检示踪标识物的；

（二）未依照规定对运营中的危险化学品、民用爆炸物品、核与放射物品的运输工具通过定位系统实行监控的；

（三）未依照规定对传染病病原体等物质实行严格的监督管理，情节严重的；

（四）违反国务院有关主管部门或者省级人民政府对管

制器具、危险化学品、民用爆炸物品决定的管制或者限制交易措施的。

第八十八条 防范恐怖袭击重点目标的管理、营运单位违反本法规定，有下列情形之一的，由公安机关给予警告，并责令改正；拒不改正的，处十万元以下罚款，并对其直接负责的主管人员和其他直接责任人员处一万元以下罚款：

（一）未制定防范和应对处置恐怖活动的预案、措施的；

（二）未建立反恐怖主义工作专项经费保障制度，或者未配备防范和处置设备、设施的；

（三）未落实工作机构或者责任人员的；

（四）未对重要岗位人员进行安全背景审查，或者未将有不适合情形的人员调整工作岗位的；

（五）对公共交通运输工具未依照规定配备安保人员和相应设备、设施的；

（六）未建立公共安全视频图像信息系统值班监看、信息保存使用、运行维护等管理制度的。

大型活动承办单位以及重点目标的管理单位未依照规定对进入大型活动场所、机场、火车站、码头、城市轨道交通站、公路长途客运站、口岸等重点目标的人员、物品和交通工具进行安全检查的，公安机关应当责令改正；拒不改正的，处十万元以下罚款，并对其直接负责的主管人员和其他直接责任人员处一万元以下罚款。

第八十九条 恐怖活动嫌疑人员违反公安机关责令其遵守的约束措施的，由公安机关给予警告，并责令改正；拒不改正的，处五日以上十五日以下拘留。

第九十条　新闻媒体等单位编造、传播虚假恐怖事件信息，报道、传播可能引起模仿的恐怖活动的实施细节，发布恐怖事件中残忍、不人道的场景，或者未经批准，报道、传播现场应对处置的工作人员、人质身份信息和应对处置行动情况的，由公安机关处二十万元以下罚款，并对其直接负责的主管人员和其他直接责任人员，处五日以上十五日以下拘留，可以并处五万元以下罚款。

个人有前款规定行为的，由公安机关处五日以上十五日以下拘留，可以并处一万元以下罚款。

第九十一条　拒不配合有关部门开展反恐怖主义安全防范、情报信息、调查、应对处置工作的，由主管部门处二千元以下罚款；造成严重后果的，处五日以上十五日以下拘留，可以并处一万元以下罚款。

单位有前款规定行为的，由主管部门处五万元以下罚款；造成严重后果的，处十万元以下罚款；并对其直接负责的主管人员和其他直接责任人员依照前款规定处罚。

第九十二条　阻碍有关部门开展反恐怖主义工作的，由公安机关处五日以上十五日以下拘留，可以并处五万元以下罚款。

单位有前款规定行为的，由公安机关处二十万元以下罚款，并对其直接负责的主管人员和其他直接责任人员依照前款规定处罚。

阻碍人民警察、人民解放军、人民武装警察依法执行职务的,从重处罚。

第九十三条 单位违反本法规定,情节严重的,由主管部门责令停止从事相关业务、提供相关服务或者责令停产停业;造成严重后果的,吊销有关证照或者撤销登记。

第九十四条 反恐怖主义工作领导机构、有关部门的工作人员在反恐怖主义工作中滥用职权、玩忽职守、徇私舞弊,或者有违反规定泄露国家秘密、商业秘密和个人隐私等行为,构成犯罪的,依法追究刑事责任;尚不构成犯罪的,依法给予处分。

反恐怖主义工作领导机构、有关部门及其工作人员在反恐怖主义工作中滥用职权、玩忽职守、徇私舞弊或者有其他违法违纪行为的,任何单位和个人有权向有关部门检举、控告。有关部门接到检举、控告后,应当及时处理并回复检举、控告人。

第九十五条 对依照本法规定查封、扣押、冻结、扣留、收缴的物品、资金等,经审查发现与恐怖主义无关的,应当及时解除有关措施,予以退还。

第九十六条 有关单位和个人对依照本法作出的行政处罚和行政强制措施决定不服的,可以依法申请行政复议或者提起行政诉讼。

第十章 附 则

第九十七条 本法自2016年1月1日起施行。2011年10月29日第十一届全国人民代表大会常务委员会第二十三次会议通过的《全国人民代表大会常务委员会关于加强反恐怖工作有关问题的决定》同时废止。

三、中华人民共和国人民警察使用警械和武器条例

（1996年1月8日国务院第四十一次常务会议通过）

第一章 总 则

第一条 为了保障人民警察依法履行职责，正确使用警械和武器，及时有效地制止违法犯罪行为，维护公共安全和社会秩序，保护公民的人身安全和合法财产，保护公共财产，根据《中华人民共和国人民警察法》和其他有关法律的规定，制定本条例。

第二条 人民警察制止违法犯罪行为，可以采取强制手段；根据需要，可以依照本条例的规定使用警械；使用警械不能制止，或者不使用武器制止，可能发生严重危害后果的，可以依照本条例的规定使用武器。

第三条 本条例所称警械，是指人民警察按照规定装备的警棍、催泪弹、高压水枪、特种防暴枪、手铐、脚镣、警绳等警用器械；所称武器，是指人民警察按照规定装备的枪支、弹药等致命性警用武器。

第四条 人民警察使用警械和武器，应当以制止违法犯罪行为，尽量减少人员伤亡、财产损失为原则。

第五条 人民警察依法使用警械和武器的行为，受法律

保护。

人民警察不得违反本条例的规定使用警械和武器。

第六条 人民警察使用警械和武器前,应当命令在场无关人员躲避;在场无关人员应当服从人民警察的命令,避免受到伤害或者其他损失。

第二章 警械使用

第七条 人民警察遇有下列情形之一,经警告无效的,可以使用警棍、催泪弹、高压水枪、特种防暴枪等驱逐性、制服性警械:

(一)结伙斗殴、殴打他人、寻衅滋事、侮辱妇女或者进行其他流氓活动的;

(二)聚众扰乱车站、码头、民用航空站、运动场等公共场所秩序的;

(三)非法举行集会、游行、示威的;

(四)强行冲越人民警察为履行职责设置的警戒线的;

(五)以暴力方法抗拒或者阻碍人民警察依法履行职责的;

(六)袭击人民警察的;

(七)危害公共安全、社会秩序和公民人身安全的其他行为,需要当场制止的;

(八)法律、行政法规规定可以使用警械的其他情形。

人民警察依照前款规定使用警械,应当以制止违法犯罪行为为限度;当违法犯罪行为得到制止时,应当立即停止使用。

第八条 人民警察依法执行下列任务，遇有违法犯罪分子可能脱逃、行凶、自杀、自伤或者有其他危险行为的，可以使用手铐、脚镣、警绳等约束性警械：

（一）抓获违法犯罪分子或者犯罪重大嫌疑人的；

（二）执行逮捕、拘留、看押、押解、审讯、拘传、强制传唤的；

（三）法律、行政法规规定可以使用警械的其他情形。

人民警察依照前款规定使用警械，不得故意造成人身伤害。

第三章 武器的使用

第九条 人民警察判明有下列暴力犯罪行为的紧急情形之一，经警告无效的，可以使用武器：

（一）放火、决水、爆炸等严重危害公共安全的；

（二）劫持航空器、船舰、火车、机动车或者驾驶车、船等机动交通工具，故意危害公共安全的；

（三）抢夺、抢劫枪支弹药、爆炸、剧毒等危险物品，严重危害公共安全的；

（四）使用枪支、爆炸、剧毒等危险物品实施犯罪或者以使用枪支、爆炸、剧毒等危险物品相威胁实施犯罪的；

（五）破坏军事、通讯、交通、能源、防险等重要设施，足以对公共安全造成严重、紧迫危险的；

（六）实施凶杀、劫持人质等暴力行为，危及公民生命安全的；

（七）国家规定的警卫、守卫、警戒的对象和目标受到暴力袭击、破坏或者有受到暴力袭击、破坏的紧迫危险的；

（八）结伙抢劫或者持械抢劫公私财物的；

（九）聚众械斗、暴乱等严重破坏社会治安秩序，用其他方法不能制止的；

（十）以暴力方法抗拒或者阻碍人民警察依法履行职责或者暴力袭击人民警察，危及人民警察生命安全的；

（十一）在押人犯、罪犯聚众骚乱、暴乱、行凶或者脱逃的；

（十二）劫夺在押人犯、罪犯的；

（十三）实施放火、决水、爆炸、凶杀、抢劫或者其他严重暴力犯罪行为后拒捕、逃跑的；

（十四）犯罪分子携带枪支、爆炸、剧毒等危险物品拒捕、逃跑的；

（十五）法律、行政法规规定可以使用武器的其他情形。

人民警察依照前款规定使用武器，来不及警告或者警告后可能导致更为严重危害后果的，可以直接使用武器。

第十条 人民警察遇有下列情形之一的，不得使用武器：

（一）发现实施犯罪的人为怀孕妇女、儿童的，但是使用枪支、爆炸、剧毒等危险物品实施暴力犯罪的除外；

（二）犯罪分子处于群众聚集的场所或者存放大量易燃、易爆、剧毒、放射性等危险物品的场所的，但是不使用武器予以制止，将发生更为严重危害后果的除外。

第十一条　人民警察遇有下列情形之一的，应当立即停止使用武器：

（一）犯罪分子停止实施犯罪，服从人民警察命令的；

（二）犯罪分子失去继续实施犯罪能力的。

第十二条　人民警察使用武器造成犯罪分子或者无辜人员伤亡的，应当及时抢救受伤人员，保护现场，并立即向当地公安机关或者该人民警察所属机关报告。

当地公安机关或者该人民警察所属机关接到报告后，应当及时进行勘验、调查，并及时通知当地人民检察院。

当地公安机关或者该人民警察所属机关应当将犯罪分子或者无辜人员的伤亡情况，及时通知其家属或者其所在单位。

第十三条　人民警察使用武器的，应当将使用武器的情况如实向所属机关书面报告。

第四章　法律责任

第十四条　人民警察违法使用警械、武器，造成不应有的人员伤亡、财产损失，构成犯罪的，依法追究刑事责任；尚不构成犯罪的，依法给予行政处分；对受到伤亡或者财产损失的人员，由该人民警察所属机关依照《中华人民共和国国家赔偿法》的有关规定给予赔偿。

第十五条　人民警察依法使用警械、武器，造成无辜人员伤亡或者财产损失的，由该人民警察所属机关参照《中华人民共和国国家赔偿法》的有关规定给予补偿。

第五章　附　则

第十六条　中国人民武装警察部队执行国家赋予的安全保卫任务时使用警械和武器，适用本条例的有关规定。

第十七条　本条例自发布之日起施行。1980年7月5日公布施行的《人民警察使用武器和警械的规定》同时废止。

四、中华人民共和国集会游行示威法

(1989年10月31日第七届全国人民代表大会常务委员会第十次会议通过　1989年10月31日中华人民共和国主席令第二十号公布　根据2009年8月27日第十一届全国人民代表大会常务委员会第十次会议《关于修改部分法律的决定》修正)

第一章　总　则

第一条　为了保障公民依法行使集会、游行、示威的权利，维护社会安定和公共秩序，根据宪法，制定本法。

第二条　在中华人民共和国境内举行集会、游行、示威，均适用本法。

本法所称集会，是指聚集于露天公共场所，发表意见、表达意愿的活动。

本法所称游行，是指在公共道路、露天公共场所列队行进、表达共同意愿的活动。

本法所称示威，是指在露天公共场所或者公共道路上以集会、游行、静坐等方式，表达要求、抗议或者支持、声援等共同意愿的活动。

文娱、体育活动，正常的宗教活动，传统的民间习俗活动，不适用本法。

第三条 公民行使集会、游行、示威的权利，各级人民政府应当依照本法规定，予以保障。

第四条 公民在行使集会、游行、示威的权利的时候，必须遵守宪法和法律，不得反对宪法所确定的基本原则，不得损害国家的、社会的、集体的利益和其他公民的合法的自由和权利。

第五条 集会、游行、示威应当和平地进行，不得携带武器、管制刀具和爆炸物，不得使用暴力或者煽动使用暴力。

第六条 集会、游行、示威的主管机关，是集会、游行、示威举行地的市、县公安局、城市公安分局；游行、示威路线经过两个以上区、县的，主管机关为所经过区、县的公安机关的共同上一级公安机关。

第二章 集会游行示威的申请和许可

第七条 举行集会、游行、示威，必须依照本法规定向主管机关提出申请并获得许可。

下列活动不需申请：

（一）国家举行或者根据国家决定举行的庆祝、纪念等活动；

（二）国家机关、政党、社会团体、企业事业组织依照法律、组织章程举行的集会。

第八条 举行集会、游行、示威，必须有负责人。

依照本法规定需要申请的集会、游行、示威，其负责人必须在举行日期的五日前向主管机关递交书面申请。申请书中应当载明集会、游行、示威的目的、方式、标语、口号、人数、车辆数、使用音响设备的种类与数量、起止时间、地点（包括集合地和解散地）、路线和负责人的姓名、职业、住址。

第九条 主管机关接到集会、游行、示威申请书后，应当在申请举行日期的二日前，将许可或者不许可的决定书面通知其负责人。不许可的，应当说明理由。逾期不通知的，视为许可。

确因突然发生的事件临时要求举行集会、游行、示威的，必须立即报告主管机关；主管机关接到报告后，应当立即审查决定许可或者不许可。

第十条 申请举行集会、游行、示威要求解决具体问题的，主管机关接到申请书后，可以通知有关机关或者单位同集会、游行、示威的负责人协商解决问题，并可以将申请举行的时间推迟五日。

第十一条 主管机关认为按照申请的时间、地点、路线举行集会、游行、示威，将对交通秩序和社会秩序造成严重影响的，在决定许可时或者决定许可后，可以变更举行集会、游行、示威的时间、地点、路线，并及时通知其负责人。

第十二条　申请举行的集会、游行、示威，有下列情形之一的，不予许可：

（一）反对宪法所确定的基本原则的；

（二）危害国家统一、主权和领土完整的；

（三）煽动民族分裂的；

（四）有充分根据认定申请举行的集会、游行、示威将直接危害公共安全或者严重破坏社会秩序的。

第十三条　集会、游行、示威的负责人对主管机关不许可的决定不服的，可以自接到决定通知之日起三日内，向同级人民政府申请复议，人民政府应当自接到申请复议书之日起三日内作出决定。

第十四条　集会、游行、示威的负责人在提出申请后接到主管机关通知前，可以撤回申请；接到主管机关许可的通知后，决定不举行集会、游行、示威的，应当及时告知主管机关，参加人已经集合的，应当负责解散。

第十五条　公民不得在其居住地以外的城市发动、组织、参加当地公民的集会、游行、示威。

第十六条　国家机关工作人员不得组织或者参加违背有关法律、法规规定的国家机关工作人员职责、义务的集会、游行、示威。

第十七条　以国家机关、社会团体、企业事业组织的名义组织或者参加集会、游行、示威，必须经本单位负责人批准。

第三章　集会游行示威的举行

第十八条 对于依法举行的集会、游行、示威，主管机关应当派出人民警察维持交通秩序和社会秩序，保障集会、游行、示威的顺利进行。

第十九条 依法举行的集会、游行、示威，任何人不得以暴力、胁迫或者其他非法手段进行扰乱、冲击和破坏。

第二十条 为了保障依法举行的游行的行进，负责维持交通秩序的人民警察可以临时变通执行交通规则的有关规定。

第二十一条 游行在行进中遇有不可预料的情况，不能按照许可的路线行进时，人民警察现场负责人有权改变游行队伍的行进路线。

第二十二条 集会、游行、示威在国家机关、军事机关、广播电台、电视台、外国驻华使馆领馆等单位所在地举行或者经过的，主管机关为了维持秩序，可以在附近设置临时警戒线，未经人民警察许可，不得逾越。

第二十三条 在下列场所周边距离十米至三百米内，不得举行集会、游行、示威，经国务院或者省、自治区、直辖市的人民政府批准的除外：

（一）全国人民代表大会常务委员会、国务院、中央军事委员会、最高人民法院、最高人民检察院的所在地；

（二）国宾下榻处；

（三）重要军事设施；

（四）航空港、火车站和港口。

前款所列场所的具体周边距离,由省、自治区、直辖市的人民政府规定。

第二十四条 举行集会、游行、示威的时间限于早六时至晚十时,经当地人民政府决定或者批准的除外。

第二十五条 集会、游行、示威应当按照许可的目的、方式、标语、口号、起止时间、地点、路线及其他事项进行。

集会、游行、示威的负责人必须负责维持集会、游行、示威的秩序,并严格防止其他人加入。

集会、游行、示威的负责人在必要时,应当指定专人协助人民警察维持秩序。负责维持秩序的人员应当佩戴标志。

第二十六条 举行集会、游行、示威,不得违反治安管理法规,不得进行犯罪活动或者煽动犯罪。

第二十七条 举行集会、游行、示威,有下列情形之一的,人民警察应当予以制止:

(一)未依照本法规定申请或者申请未获许可的;

(二)未按照主管机关许可的目的、方式、标语、口号、起止时间、地点、路线进行的;

(三)在进行中出现危害公共安全或者严重破坏社会秩序情况的。

有前款所列情形之一,不听制止的,人民警察现场负责人有权命令解散;拒不解散,人民警察现场负责人有权依照国家有关规定决定采取必要手段强行驱散,并对拒不服从的人员强行带离现场或者立即予以拘留。

参加集会、游行、示威的人员越过依照本法第二十二条规定设置的临时警戒线、进入本法第二十三条所列不得举行集会、游行、示威的特定场所周边一定范围或者有其他违法犯罪行为的，人民警察可以将其强行带离现场或者立即予以拘留。

第四章 法律责任

第二十八条 举行集会、游行、示威，有违反治安管理行为的，依照治安管理处罚条例有关规定予以处罚。

举行集会、游行、示威，有下列情形之一的，公安机关可以对其负责人和直接责任人员处以警告或者十五日以下拘留：

（一）未依照本法规定申请或者申请未获许可的；

（二）未按照主管机关许可的目的、方式、标语、口号、起止时间、地点、路线进行，不听制止的。

第二十九条 举行集会、游行、示威，有犯罪行为的，依照刑法有关规定追究刑事责任。

携带武器、管制刀具或者爆炸物的，比照刑法第一百六十三条的规定追究刑事责任。

未依照本法规定申请或者申请未获许可，或者未按照主管机关许可的起止时间、地点、路线进行，又拒不服从解散命令，严重破坏社会秩序的，对集会、游行、示威的负责人和直接责任人员依照刑法第一百五十八条的规定追究刑事责任。

包围、冲击国家机关，致使国家机关的公务活动或者国事活动不能正常进行的,对集会、游行、示威的负责人和直接责任人员依照刑法第一百五十八条的规定追究刑事责任。

占领公共场所、拦截车辆行人或者聚众堵塞交通,严重破坏公共场所秩序、交通秩序的,对集会、游行、示威的负责人和直接责任人员依照刑法第一百五十九条的规定追究刑事责任。

第三十条 扰乱、冲击或者以其他方法破坏依法举行的集会、游行、示威的,公安机关可以处以警告或者十五日以下拘留;情节严重,构成犯罪的,依照刑法有关规定追究刑事责任。

第三十一条 当事人对公安机关依照本法第二十八条第二款或者第三十条的规定给予的拘留处罚决定不服的,可以自接到处罚决定通知之日起五日内,向上一级公安机关提出申诉,上一级公安机关应当自接到申诉之日起五日内作出裁决;对上一级公安机关裁决不服的,可以自接到裁决通知之日起五日内,向人民法院提起诉讼。

第三十二条 在集会、游行、示威过程中,破坏公私财物或者侵害他人身体造成伤亡的,除依照刑法或者治安管理处罚条例的有关规定可以予以处罚外,还应当依法承担赔偿责任。

第三十三条 公民在本人居住地以外的城市发动、组织当地公民的集会、游行、示威的,公安机关有权予以拘留或者强行遣回原地。

第五章 附 则

第三十四条 外国人在中国境内举行集会、游行、示威,适用本法规定。

外国人在中国境内未经主管机关批准不得参加中国公民举行的集会、游行、示威。

第三十五条 国务院公安部门可以根据本法制定实施条例,报国务院批准施行。

省、自治区、直辖市的人民代表大会常务委员会可以根据本法制定实施办法。

第三十六条 本法自公布之日起施行。

五、中华人民共和国看守所条例

(1990年3月17日,中华人民共和国国务院令第52号发布)

第一章 总 则

第一条 为保障刑事诉讼活动的顺利进行,依据《中华人民共和国刑事诉讼法》及其他有关法律的规定,制定本条例。

第二条 看守所是羁押依法被逮捕、刑事拘留的人犯的机关。

被判处有期徒刑一年以下,或者余刑在一年以下,不便送往劳动改造场所执行的罪犯，也可以由看守所监管。

第三条　看守所的任务是依据国家法律对被羁押的人犯实行武装警戒看守，保障安全；保障安全；对人犯进行教育；管理人犯的生活和卫生；保障侦查、起诉和审判工作的顺利进行。

第四条　看守所监管人犯、必须坚持严密警戒看管与教育相结合的方针，坚持依法管理、严格管理、科学管理和文明管理，保障人犯的合法权益。严禁打骂、体罚、虐待人犯。

第五条　看守所以县级以上的行政区域为单位设置，由本级公安机关管辖。

省、自治区、直辖市国家安全厅（局）根据需要，可以设置看守所。

铁道、交通、林业、民航等系统相当于县级以上的公安机关，可以设置看守所。

第六条　看守所高所长一人，副所长一至二人；根据工作需要，配备看守、管教、医务、财会、炊事等工作人员若干人。

看守所应当配备女工作人员管理女性人犯。

第七条　看守所对人犯的武装警戒和押解由中国人民武装警察部队（以下简称武警）担任。看守所对执行任务的武警实行业务指导。

第八条　看守所的监管活动受人民检察院的法律监督。

第二章 收 押

第九条 看守所收押人犯,须凭送押机关持有的县级以上公安机关、国家安全机关签发的逮捕证、刑事拘留证或者县级以上公安机关、国家安全机关、监狱、劳动改造机关、人民法院、人民检察院、押解人犯临时寄押的证明文书。没有上述凭证,或者凭证的记载与实际情况不符的,不予收押。

第十条 看守所收押人犯,应当进行健康检查,有下列情形之一的,不予收押:

(一)患有精神病或者急性传染病的;

(二)患有其他严重疾病,在羁押中可能发生生命危险或者生活不能自理的,但是;罪大恶极不羁押对社会有危险性的除外;

(三)怀孕或者哺乳自己不满一周岁的婴儿的妇女。

第十一条 看守所收押人犯,应当对其人身和携带的物品进行严格检查。非日常用品应当登记,代为保管,出所时核对发还或者转监狱、劳动改造机关。违禁物品予以没收。发现犯罪证据和可疑物品,要当场制作记录,由人犯签字捺指印后,送案件主管机关处理。

对女性人犯的人身检查,由女工作人员进行。

第十二条 收押人犯,应当建立人犯档案。

第十三条 收押人犯,应当告知人犯在羁押期间必须遵守的监规和享有的合法权益。

第十四条 对男性人犯和女性人犯,成年人犯和未成年人犯，同案犯以及其他需要分别羁押的人犯，应当分别羁押。

第十五条　公安机关或者国家安全机关侦查终结、人民检察院决定受理的人犯，人民检察院审查或者侦查终结、人民法院决定受理的人犯，递次移送交接，均应办理换押手续，书面通知看守所。

第三章　警戒、看守

第十六条　看守所实行二十四小时值班制度。值班人员应当坚守岗位，随时巡视监房。

第十七条　对已被判处死刑、尚未执行的犯人，必须加戴械具。

对有事实表明可能行凶、暴动、脱逃、自杀的人犯，经看守所所长批准，可以使用械具。在紧急情况下，可以先行使用，然后报告看守所所长。上述情形消除后，应当予以解除。

第十八条　看守人员和武警遇有下列情形之一，采取其他措施不能制止时，可以按照有关规定开枪射击：

（一）人犯越狱或者暴动的；

（二）人犯脱逃不听制止，或者在追捕中抗拒逮捕的；

（三）劫持人犯的；

（四）人犯持有管制刀具或者其他危险物，正在行凶或者破坏的；

（五）人犯暴力威胁看守人员、武警的生命安全。需要开枪射击时，除遇到特别紧迫的情况外，应当先鸣枪警告，人犯有畏服表示,应当立即停止射击。开枪射击后,应当保护现场,并立即报告主管公安机关和人民检察院。

第四章 提讯、押解

第十九条 公安机关、国家安全机关、人民检察院、人民法院提讯人犯时,必须持有提讯证或者提票。提讯人员不得少于二人。

不符合前款规定的,看守所应当拒绝提讯。

第二十条 提讯人员讯问人犯完毕,应当立即将人犯交给值班看守人员收押,并收回提讯证或者提票。

第二十一条 押解人员在押解人犯途中,必须严密看管,防止发生意外。对被押解的人犯,可以使用械具。

押解女性人犯,应当有女工作人员负责途中的生活管理。

第五章 生活、卫生

第二十二条 监室应当通风、采光、能够防潮、防暑、防寒。看守所对监房应当经常检查,及时维修,防止火灾和其他自然灾害。

被羁押人犯的居住面积,应当不影响其日常生活。

第二十三条 人犯在羁押期间的伙食按规定标准供应,禁止克扣、挪用。

对少数民族人犯和外国籍人犯,应当考虑到他们的民族风俗习惯,生活上予以适应照顾。

第二十四条 人犯应当自备衣服、被褥。确实不能自备的，由看守所提供。

第二十五条　人犯每日应当有必要的睡眠时间和一至两小时的室外活动。

看守所应当建立人犯的防疫和清洁卫生制度。

第二十六条　看守所应当配备必要的医疗器械和常用药品。人犯患病，应当给予及时治疗；需要到医院治疗的，当地医院应当负责治疗；病情严重的可以依法取保候审。

第二十七条　人犯在羁押期间死亡的，应当立即报告人民检察院和办案机关，由法医或者医生作出死亡原因的鉴定，并通知死者家属。

第六章　会见、通信

第二十八条　人犯在羁押期间，经办案机关同意，并经公安机关批准，可以与近亲属通信、会见。

第二十九条　人犯的近亲属病重或者死亡时，应当及时通知人犯。

人犯的配偶、父母或者子女病危时，除案情重大的以外，经办案机关同意，并经公安机关批准，在严格监护的条件下，允许人犯回家探视。

第三十条　人犯近亲属给人犯的物品，须经看守人员检查。

第三十一条　看守所接受办案机关的委托，对人犯发收的信件可以进行检查。如果发现有碍侦查、起诉、审判的，可以扣留、并移送办案机关处理。

第三十二条 人民检察院已经决定提起公诉的案件,被羁押的人犯在接到起诉书副本后,可以与本人委托的辩护人或者由人民法院指定的辩护人会见、通信。

第七章 教育、奖惩

第三十三条 看守所应当对人犯进行法制、道德以及必要的形势和劳动教育。

第三十四条 在保证安全和不影响刑事诉讼活动的前提下,看守所可以组织人犯进行适当的劳动。

人犯的劳动收入的支出,要建立账目,严格手续。

第三十五条 人犯在被羁押期间,遵守监规,表现良好的,应当予以表扬和鼓励;有立功表现的,应当报请办案机关依法从宽处理。

第三十六条 看守所对于违反监规的人犯,可予以警告或者训诫;情节严重,经教育不改的,可以责令具结悔过或者经看守所所长批准予以禁闭。

第三十七条 人犯的羁押期间有犯罪行为的,看守所应当及时将情况通知办案机关依法处理。

第八章 出 所

第三十八条 对于被判处死刑缓期二年执行、无期徒刑、有期徒刑、拘役或者管制的罪犯,看守所根据人民法院的执行通知书、判决书办出所手续。

第三十九条 对于被依法释放的人,看守所根据人民法院、人民检察院、公安机关或者国家安全机关的释放通知文书,办理释放手续。释放被羁押人,发给释放证明书。

第四十条 对于被决定劳动教养的人和转送外地羁押的人犯,看守所根据有关主管机关的证明文件,办理出所手续。

第九章 检察监督

第四十一条 看守所应当教育工作人员严格执法,严守纪律,向人民检察院报告监管活动情况。

第四十二条 看守所对人民检察院提出的违法情况的纠正意见,应当认真研究,及时处理,并将处理结果告知人民检察院。

第十章 其他规定

第四十三条 看守所对人犯的法定羁押期限即将到期而案件又尚未审理终结的,应当及时通知办案机关迅速审结;超过法定羁押期限的,应当将情况报告人民检察院。

第四十四条 对于人民检察院或者人民法院没有决定停止行使选举权利的被羁押人犯,准予参加县级以下人民代表大会代表的选举。

第四十五条 看守所在人犯羁押期间发现人犯中有错拘、错捕或者错判的,应当及时通知办案机关查证核实,依法处理。

第四十六条 对人犯的上诉书、申诉书、看守所应当及时转送,不得阻挠和扣押。

人犯揭发、控告司法人员违法行为的材料,应当及时报请人民检察院处理。

第十一章 附 则

第四十七条 看守所监管已决犯,执行有关对已决犯管理的法律规定。

第四十八条 看守所所需修缮费和人犯给养费应当编报预算,按隶属关系由各级财政专项拨付。

看守所的经费开支,单立帐户,专款专用。

新建和迁建的看守所应当纳入城市建设规划,列入基本建设项目。

第四十九条 本条例所称"以上"、"以下",均包括本数、本级在内。

第五十条 本条例由公安部负责解释。实施办法由公安部制定。

第五十一条 中国人民解放军根据军队看守所的具体情况,可以另行制定实施办法。

第五十二条 本条例自发布之日起施行,1954年9月7日政务院公布的《中华人民共和国劳动改造条例》在有关看守所的规定即行废止。

六、中华人民共和国戒严法

(1996年3月1日第八届全国人民代表大会常务委员会

第十八次会议通过)

第一章 总 则

第一条 根据中华人民共和国宪法,制定本法。

第二条 在发生严重危及国家的统一、安全或者社会公共安全的动乱、暴乱或者严重骚乱,不采取非常措施不足以维护社会秩序、保护人民的生命和财产安全的紧急状态时,国家可以决定实行戒严。

第三条 全国或者个别省、自治区、直辖市的戒严,由国务院提请全国人民代表大会常务委员会决定;中华人民共和国主席根据全国人民代表大会常务委员会的决定,发布戒严令。

省、自治区、直辖市的范围内部分地区的戒严,由国务院决定,国务院总理发布戒严令。

第四条 戒严期间,为保证戒严的实施和维护社会治安秩序,国家可以依照本法在戒严地区内,对宪法、法规规定的公民权利和自由的行使作出特别规定。

第五条 戒严地区内的人民政府应当依照本法采取必要的措施,尽快恢复正常社会秩序,保障人民的生命和财产安全以及基本生活必需品的供应。

第六条 戒严地区内的一切组织和个人,必须严格遵守戒严令和实施戒严令的规定,积极协助人民政府恢复正常社会秩序。

第七条 国家对遵守戒严令和实施戒严令的规定的组织

和个人，采取有效措施保护其合法权益不受侵犯。

第八条 戒严任务由人民警察、人民武装警察执行；必要时，国务院可以向中央军事委员会提出，由中央军事委员会决定派出人民解放军协助执行戒严任务。

第二章　戒严的实施

第九条 全国或者个别省、自治区、直辖市的戒严，由国务院组织实施。

省、自治区、直辖市的范围内部分地区的戒严，由省、自治区、直辖市人民政府组织实施；必要时，国务院可以直接组织实施。

组织实施戒严的机关称为戒严实施机关。

第十条 戒严实施机关建立戒严指挥机构，由戒严指挥机构协调执行戒严任务的有关方面的行动，统一部署和实施戒严措施。

执行戒严任务的人民解放军，在戒严指挥机构的统一部署下，由中央军事委员会指定的军事机关实施指挥。

第十一条 戒严令应当规定戒严的地域范围、起始时间、实施机关等事项。

第十二条 根据本法第二条规定实行戒严的紧急状态消除后，应当及时解除戒严。

解除戒严的程序与决定戒严的程序相同。

第三章　实施戒严的措施

第十三条　戒严期间，戒严实施机关可以决定在戒严地区采取下列措施，并可以制定具体实施办法：

（一）禁止或者限制集会、游行、示威、街头讲演以及其他聚众活动；

（二）禁止罢工、罢市、罢课；

（三）实行新闻管制；

（四）实行通讯、邮政、电信管制；

（五）实行出境入境管制；

（六）禁止任何反对戒严的活动。

第十四条　戒严期间，戒严实施机关可以决定在戒严地区采取交通管制措施，限制人员进出交通管制区域，并对进出交通管制区域人员的证件、车辆、物品进行检查。

第十五条　戒严期间，戒严实施机关可以决定在戒严地区采取宵禁措施。宵禁期间，在实行宵禁地区的街道或者其他公共场所通行，必须持有本人身份证件和戒严实施机关制发的特别通行证。

第十六条　戒严期间，戒严实施机关或者戒严指挥机构可以在戒严地区对下列物品采取特别管理措施：

（一）武器、弹药；

（二）管制刀具；

（三）易燃易爆物品；

（四）化学危险物品、放射性物品、剧毒物品等。

第十七条 根据执行戒严任务的需要，戒严地区的县级以上人民政府可以临时征用国家机关、企业事业组织、社会团体以及公民个人的房屋、场所、设施、运输工具、工程机械等。在非常紧急的情况下，执行戒严任务的人民警察、人民武装警察、人民解放军的现场指挥员可以直接决定临时征用，地方人民政府应当给予协助。实施征用应当开具征用单据。

前款规定的临时征用物，在使用完毕或者戒严解除后应当及时归还；因征用造成损坏的，由县级以上人民政府按照国家有关规定给予相应补偿。

第十八条 戒严期间，对戒严地区的下列单位、场所，采取措施，加强警卫：

（一）首脑机关；

（二）军事机关和重要军事设施；

（三）外国驻华使领馆、国际组织驻华代表机构和国宾下榻处；

（四）广播电台、电视台、国家通讯社等重要新闻单位及其重要设施；

（五）与国计民生有重大关系的公用企业和公共设施；

（六）机场、火车站和港口；

（七）监狱、劳教场所、看守所；

（八）其他需要加强警卫的单位和场所。

第十九条 为保障戒严地区内的人民基本生活必需品的供应，戒严实施机关可以对基本生活必需品的生产、运输、供应、价格,采取特别管理措施。

第二十条 戒严实施机关依照本法采取的实施戒严令的措施和办法,需要公众遵守的,应当公布;在实施过程中,根据情况,对于不需要继续实施的措施和办法,应当及时公布停止实施。

第四章 戒严执勤人员的职责

第二十一条 执行戒严任务的人民警察、人民武装警察和人民解放军是戒严执勤人员。

戒严执勤人员执行戒严任务时,应当佩带由戒严实施机关统一规定的标志。

第二十二条 戒严执勤人员依照戒严实施机关的规定,有权对戒严地区公共道路上或者其他公共场所内的人员的证件、车辆、物品进行检查。

第二十三条 戒严执勤人员依照戒严实施机关的规定,有权对违反宵禁规定的人予以扣留,直至清晨宵禁结束;并有权对被扣留者的人身进行搜查,对其携带的物品进行检查。

第二十四条 戒严执勤人员依照戒严实施机关的规定,有权对下列人员立即予以拘留:(一)正在实施危害国家安全、破坏社会秩序的犯罪或者有重大嫌疑的;

(二)阻挠或者抗拒戒严执勤人员执行戒严任务的;

(三)抗拒交通管制或者宵禁规定的;

(四)从事其他抗拒戒严令的活动的。

第二十五条 戒严执勤人员依照戒严实施机关的规定,

有权对被拘留的人员的人身进行搜查，有权对犯罪嫌疑分子的住所和涉嫌藏匿犯罪分子、犯罪嫌疑分子或者武器、弹药等危险物品的场所进行搜查。

第二十六条　在戒严地区有下列聚众情形之一、阻止无效的，戒严执勤人员根据有关规定，可以使用警械强行制止或者驱散，并将其组织者和拒不服从的人员强行带离现场或者立即予以拘留：（一）非法进行集会、游行、示威以及其他聚众活动的；

（二）非法占据公共场所或者在公共场所煽动进行破坏活动的；

（三）冲击国家机关或者其他重要单位、场所的；

（四）扰乱交通秩序或者故意堵塞交通的；

（五）哄抢或者破坏机关、团体、企业事业组织和公民个人的财产的。

第二十七条　戒严执勤人员对于依照本法规定予以拘留的人员，应当及时登记和讯问，发现不需要继续拘留的，应当立即释放。

戒严期间拘留、逮捕的程序和期限可以不受中华人民共和国刑事诉讼法有关规定的限制，但逮捕须经人民检察院批准或者决定。

第二十八条　在戒严地区遇有下列特别紧急情形之一，使用警械无法制止时，戒严执勤人员可以使用枪支等武器：（一）公民或者戒严执勤人员的生命安全受到暴力危害时；

（二）拘留、逮捕、押解人犯，遇有暴力抗拒、行凶或者脱逃时；

（三）遇暴力抢夺武器、弹药时；

（四）警卫的重要对象、目标受到暴力袭击，或者有受到暴力袭击的紧迫危险时；

（五）在执行消防、抢险、救护作业以及其他重大紧急任务中，受到严重暴力阻挠时；

（六）法律、行政法规规定可以使用枪支等武器的其他情形。戒严执勤人员必须严格遵守使用枪支等武器的规定。

第二十九条 戒严执勤人员应当遵守法律、法规和执勤规则，服从命令，履行职责，尊重当地民族风俗习惯，不得侵犯和损害公民的合法权益。

第三十条 戒严执勤人员依法执行任务的行为受法律保护。

戒严执勤人员违反本法规定，滥用职权，侵犯和损害公民合法权益的，依法追究法律责任。

第五章 附 则

第三十一条 在个别县、市的局部范围内突然发生严重骚乱，严重危及国家安全、社会公共安全和人民的生命财产安全，国家没有作出戒严决定时，当地省级人民政府报经国务院批准，可以决定并组织人民警察、人民武装警察实施交通管制和现场管制，限制人员进出管制区域，对进出管制区域人员的证件、车辆、物品进行检查，对参与骚乱的人可以强行予以驱散、强行带离现场、搜查，对组织者和拒不服从的人员可以立即予以拘留；在人民警察、人民武装警察力量还不足以维持社会秩序时，可以报请国务院向中央军事委员会提出，由中央军事委员会决定派出人民解放军协助当地人民政府恢复和维持正常社会秩序。

第三十二条 本法自公布之日起施行。

七、中国人民解放军纪律条令（试行）

（2018年3月22日中央军委常务会议通过，自2018年5月1日起施行）

第一章 总 则

第一条 为了贯彻全面从严治军方针，加强中国人民解放军纪律建设，维护和巩固铁的纪律，确保军队绝对忠诚、绝对纯洁、绝对可靠，保证军队的高度集中统一，加强革命化、现代化、正规化建设，巩固和提高战斗力，根据有关法律的规定，制定本条令。

第二条 本条令是中国人民解放军维护纪律、实施奖惩的基本依据，适用于中国人民解放军现役军人和单位，以及参战、支前的预备役人员。

第三条 中国人民解放军的纪律，是建立在政治自觉基础上的严格的纪律，是军队战斗力的重要因素，是保持人民军队性质、宗旨、本色，团结自己、战胜敌人和完成一切任务的保证。

第四条 维护和巩固纪律，必须贯彻毛泽东军事思想、邓小平新时期军队建设思想、江泽民国防和军队建设思想、胡锦涛国防和军队建设思想、习近平强军思想，贯彻新形势下军事战略方针，围绕实现党在新时代的强军目标、全面建成世界一流军队，坚持政治建军、改革强军、科技兴军、依法治军，更加注重聚焦实战，更加注重创新驱动，更加注重体系建设，更加注重集约高效，更加注重军民融合，坚持官兵一致、上下一致，严格要求、科学管理，说服教育、启发自觉，实事求是、公平公正，严格程序、赏罚严明，确保部队高度集中统一和有效履行使命任务。

第五条 中国人民解放军的纪律，要求每个军人必须把革命的坚定性、政治的自觉性、纪律的严肃性结合起来，统一意志、统一指挥、统一行动，有令必行、有禁必止，严格执行党的路线、方针、政策，遵守国家的宪法、法律、法规，执行军队的法规制度，执行上级的命令和指示，执行三大纪律、八项注意（见附录一），用铁的纪律凝聚铁的意志、锤炼铁的作风、锻造铁的队伍，任何时候任何情况下都一切行动听指挥、步调一致向前进。

第六条 维护和巩固纪律，主要依靠经常性的理想信念、道德和纪律教育，依靠经常性的严格管理，依靠各级首长的模范作用，依靠组织监督和群众监督，使官兵养成高度的组织性、纪律性。

第七条 奖励、表彰和处分是维护纪律的重要手段。对遵守和维护纪律表现突出的，应当依照本条令给予奖励、表彰；对违反和破坏纪律的，应当依照本条令给予处分；构成犯罪的，依法追究刑事责任。

实施奖惩应当以奖励、表彰为主，惩戒为辅。

第八条 军人在任何情况下，都必须严格遵守和自觉维护纪律。本人违反纪律被他人制止时，应当立即改正；发现其他军人违反纪律时，应当主动规劝和制止；发现他人有违法行为时，应当挺身而出，采取合法手段坚决制止并及时报告。

第九条 除根据有关法律和本条令规定实施的奖惩项目以及特殊措施外，非经中央军委批准，任何单位不得另立并实施其他奖惩项目以及特殊措施。

第十条 本条令所规定的对个人和单位的奖励、表彰，由政治工作部门承办；对个人的处分，由纪检监察部门承办。

第二章 纪律的主要内容

第十一条 遵守政治纪律，对党忠诚，立场坚定。坚定不移贯彻执行党的路线、方针、政策，坚持党对军队绝对领导的根本原则和制度，牢固树立政治意识、大局意识、核心意识、看齐意识，坚决维护权威、维护核心、维护和贯彻军委主席负责制，自觉在思想上政治上行动上同党中央、中央军委保持高度一致，在重大政治斗争中立场坚定，在重大原则问题上旗帜鲜明。

第十二条 遵守组织纪律，民主集中，服从组织。坚决维护党委统一的集体领导下的首长分工负责制，坚持民主集中制根本组织制度和领导制度,坚决服从组织。

第十三条 遵守作战纪律,服从命令,听从指挥,英勇善战。有令必行,有禁必止,坚决执行命令,严格遵守战场纪律,勇敢顽强完成各种作战任务。

第十四条 遵守训练纪律,按纲施训,从难从严。按实战标准,坚持仗怎么打兵就怎么练,科学组训,真训实训,严格军事训练人员、内容、时间、质量落实,端正训风演风考风,克服以牺牲战斗力为代价消极保安全,坚决完成军事训练任务,不断提高部队战斗力。

第十五条 遵守工作纪律,爱岗敬业,忠于职守。严守岗位,尽职尽责,勤奋工作,遵守工作章程和制度规定,圆满完成各项任务。

第十六条 遵守保密纪律,严守规定,保守秘密。严格遵守国家和军队的保密法规,军事秘密制作、存储、收发、传递、使用、复制、保管、移交、销毁全过程必须严格执行保密规定,加强涉密载体使用管理,防止出现失密、泄密、窃密、卖密问题。

第十七条 遵守廉洁纪律,干净做事,清白做人。筑牢拒腐防变的思想防线,带头践行当代革命军人核心价值观,讲修养、讲道德、讲诚信、讲廉耻,带头执行廉洁自律准则,自觉同特权思想和特权现象作斗争。

第十八条 遵守财经纪律,依法管财,科学理财,节俭用财。严格执行财经法规制度,依法决策财经事项,精准管理经费资产,强化收支管控,提高使用绩效,确保财务安全,防止出现财经违规问题。

第十九条 遵守群众纪律，拥政爱民，军民一致。坚持全心全意为人民服务的宗旨，自觉维护人民群众利益，不与民争利，不侵占和损害人民群众合法权益。

第二十条 遵守生活纪律，志趣高尚，行为规范。培养良好生活习惯，情趣高雅，追求高尚，生活俭朴，遵守社会公德、家庭美德，遵守社会公序良俗，自觉维护公共场所秩序和良好社会风尚。

第三章 奖 励

第一节 奖励的目的和原则

第二十一条 奖励的目的在于鼓励先进，维护纪律，调动官兵的积极性、创造性，发扬爱国主义、共产主义和革命英雄主义精神，保证作战、训练和其他各项任务的完成。

第二十二条 奖励应当坚持下列原则：

（一）严格标准，按绩施奖；

（二）发扬民主，贯彻群众路线；

（三）精神奖励和物质奖励相结合，以精神奖励为主，注重发挥物质奖励的激励作用。

第二节 奖励的项目

第二十三条 对个人的奖励项目：

（一）嘉奖；

（二）三等功；

（三）二等功；

（四）一等功；

（五）荣誉称号；

（六）八一勋章。

前款规定的奖励项目，依次以嘉奖为最低奖励，八一勋章为最高奖励。

根据需要，中央军委可以设立其他勋章。

第二十四条 对单位的奖励项目：

（一）嘉奖；

（二）三等功；

（三）二等功；

（四）一等功；

（五）荣誉称号。

前款规定的奖励项目，依次以嘉奖为最低奖励，荣誉称号为最高奖励。

第三节 个人奖励的条件

第二十五条 在作战、训练或者其他工作中的某一方面表现突出，取得优良成绩或者被评为优秀基层官兵的，给予嘉奖。

第二十六条 学习马克思列宁主义、毛泽东思想、邓小平理论、"三个代表"重要思想、科学发展观、习近平新时代中国特色社会主义思想，贯彻党的路线、方针、政策，联系实际回答和解决重大理论和现实问题，成绩突出，有较大贡献的，可以记三等功；有重要贡献的，可以记二等功；有重大贡献和影响的，可以记一等功。

第二十七条 作战中英勇顽强，坚决执行命令，模范遵守战时纪律，完成作战任务成绩突出，或者主动掩护、抢救战友，事迹突出，有较大贡献的，可以记三等功；功绩显著，有重要贡献的，可以记二等功；功绩卓著，有重大贡献的，可以记一等功。

第二十八条 坚决执行上级命令，正确指挥，密切协同，在组织指挥完成作战任务中，表现突出，有较大贡献的，可以记三等功；功绩显著，有重要贡献的，可以记二等功；功绩卓著，有重大贡献的，可以记一等功。

第二十九条 作战中积极开展思想政治工作，保证部队的集中统一和各项作战任务的圆满完成，成绩突出，有较大贡献的，可以记三等功；功绩显著，有重要贡献的，可以记二等功；功绩卓著，有重大贡献和影响的，可以记一等功。

第三十条 作战中勇于克服困难，积极主动、迅速有效地提供作战支援、后勤保障、装备保障和其他作战保障，对完成作战任务有较大贡献的，可以记三等功；功绩显著，有重要贡献的，可以记二等功；功绩卓著，有重大贡献的，可以记一等功。

第三十一条 在战备值班、执勤中，及时发现和正确处理重要情况，保证完成任务或者避免重大损失，成绩突出，有较大贡献的，可以记三等功；功绩显著，有重要贡献的，可以记二等功；功绩卓著，有重大贡献的，可以记一等功。

第三十二条 在执行急难险重任务中，或者在其他紧要关头，勇敢沉着，不怕牺牲，成绩突出，有较大贡献的，可以记三等功；功绩显著，有重要贡献的，可以记二等功；功绩卓著，有重大贡献的，可以记一等功。

第三十三条 在参加联合国维持和平行动、国际救援、保护我国（境）外公民人身和资产安全、反恐和护航等军事行动中，在对外军事援助和装备技术合作，驻国（境）外军事基地、外交机构执行任务，以及中外联演联训等涉外工作中，成绩突出，有较大贡献的，可以记三等功；功绩显著，有重要贡献的，可以记二等功；功绩卓著，有重大贡献的，可以记一等功。

第三十四条 在年度军事训练中，成绩优异的，可以记三等功；成绩突出，有重要贡献的，可以记二等功；成绩突出，有重大贡献的，可以记一等功。

第三十五条 积极适应实战化军事训练需要，树立打仗思想，培育战斗精神，研究作战问题，创新战法训法，或者进行技术革新、技术改造，对提高军事训练质量效益有较大贡献，其成果被批准在军（相当等级的部队）、战区军种（相当等级的部队）推广应用的，可以记三等功；有重要贡献，被批准在战区、军兵种推广应用的，可以记二等功；有重大贡献，被批准在全军推广应用的，可以记一等功。

第三十六条 在完成重大科研试验、装备作战试验和在役考核、航天发射测控、远航、试航、试飞、导弹发射等任务中，成绩突出，有较大贡献的，可以记三等功；功绩显著，有重要贡献的，可以记二等功；功绩卓著，有重大贡献的，可以记一等功。

第三十七条 在开展政治工作，培育和践行社会主义核心价值观、当代革命军人核心价值观，培养有灵魂、有本事、有血性、有品德的新时代革命军人，凝聚军心、鼓舞士气、强化战斗意志，保证部队高度集中统一和各项任务的完成，充分发挥政治工作生命线作用方面，成绩突出，有较大贡献的，可以记三等功；功绩显著，有重要贡献的，可以记二等功；功绩卓著，有重大贡献和影响的，可以记一等功。

第三十八条 在后勤保障工作中，倾力保障打赢，热心为部队和官兵服务，成绩突出，有较大贡献的，可以记三等功；功绩显著，有重要贡献的，可以记二等功；功绩卓著，有重大贡献和影响的，可以记一等功。

第三十九条 在武器装备管理中，实施技术革新提高效能、节约成本，或者及时发现重大质量问题、避免事故发生，成绩突出，有较大贡献的，可以记三等功；功绩显著，有重要贡献的，可以记二等功；功绩卓著，有重大贡献和影响的，可以记一等功。

第四十条 认真履行安全管理职责，促进部队安全发展，正确处置突发情况，有效预防事故、案件，有效避免重大事故、案件发生或者减轻事故、案件损失，事迹突出，有较大贡献的，飞行员达到规定的安全飞行时间和技术等级的，其他从事高风险工作的人员多年安全无事故的，可以记三等功；功绩显著，有重要贡献的，可以记二等功；功绩卓著，有重大贡献和影响的,可以记一等功。

第四十一条 认真履行防间保密职责,保守保护党、国家、军队秘密,坚决同泄密行为和渗透、策反、窃密活动作斗争,有效防范失泄密问题发生,事迹突出,有较大贡献的,可以记三等功;功绩显著,有重要贡献的,可以记二等功;功绩卓著,有重大贡献和影响的,可以记一等功。

第四十二条 在国防动员、拥政爱民、支援国家经济建设、推动军民融合深度发展、参加军民共建社会主义精神文明活动、构建社会主义和谐社会中,有较大贡献的,可以记三等功;功绩显著,有重要贡献的,可以记二等功;功绩卓著,有重大贡献和影响的,可以记一等功。

第四十三条 在党风廉政建设、执纪执法中,坚持原则,敢于担当,认真履行职责,坚决同违纪违法行为作斗争,事迹突出,有较大贡献的,可以记三等功;功绩显著,有重要贡献的,可以记二等功;功绩卓著,有重大贡献和影响的,可以记一等功。

第四十四条 在教学、科研中,成绩突出,有较大贡献的,可以记三等功;功绩显著,有重要贡献的,可以记二等功;功绩卓著,有重大贡献和影响的,可以记一等功。

第四十五条 奋不顾身保护国家、集体利益和人民群众生命财产安全,或者勇于同违法犯罪行为作斗争,或者长期坚持为人民群众做好事,事迹突出的,可以记三等功;功绩显著,有重要贡献的,可以记二等功;功绩卓著,有重大贡献和影响的,可以记一等功。

第四十六条 在刻苦学习、钻研业务,履职尽责、敢于担当,艰苦奋斗、清正廉洁,尊干爱兵、团结互助等方面,事迹突出,有较大贡献的,可以记三等功;功绩显著,有重要贡献的,可以记二等功;功绩卓著,有重大贡献和影响的,可以记一等功。

第四十七条 获得集体二等功以上奖励单位的主官,且担任该单位主官2年以上、获得奖励时在任,成绩突出,有较大贡献的,可以记三等功;功绩显著,有重要贡献的,可以记二等功;功绩卓著,有重大贡献和影响的,可以记一等功。

第四十八条 在边防、海岛、高原等艰苦地区,不畏困难,安心工作,成绩突出的,可以记三等功;功绩显著的,可以记二等功;功绩卓著,有重大影响的,可以记一等功。

第四十九条 在本条令第二十六条至第四十八条规定情形之外的其他方面表现突出,与记三等功、二等功、一等功的事迹、贡献和影响相当的,可以分别记三等功、二等功、一等功。

对作战中其他表现突出行为的奖励,由中央军委另行规定。

第五十条 在作战、训练或者其他工作中,功绩卓著,有特殊贡献,在全军、全国有重大影响和推动作用,堪称楷模的,可以授予荣誉称号。

第五十一条 在维护国家主权、安全、发展利益,推进国防和军队现代化建设中,作出巨大贡献,建立卓越功勋,在全军、全国有深远影响和推动作用的,可以授予八一勋章。

第四节 单位奖励的条件

第五十二条 单位建设基础扎实,在作战、训练或者其他工作中的某一方面表现突出,取得优良成绩的,给予嘉奖。

第五十三条 坚决贯彻上级作战决心意图,英勇善战、作风顽强,完成作战任务出色,有较大贡献的,可以记三等功;战绩或者功绩显著,对作战胜利有重要贡献的,可以记二等功;战绩或者功绩卓著,对作战胜利有重大贡献的,可以记一等功。

第五十四条 作战中积极主动、密切协同,迅速有效地提供作战支援、后勤保障、装备保障和其他作战保障,对完成作战任务有较大贡献的,可以记三等功;功绩显著,有重要贡献的,可以记二等功;功绩卓著,有重大贡献的,可以记一等功。

第五十五条 坚持平战一体,全面落实战备工作,在参加重大战备行动或者完成各种执勤任务中,成绩突出,有较大贡献的,可以记三等功;功绩显著,有重要贡献的,可以记二等功;功绩卓著,有重大贡献和影响的,可以记一等功。

第五十六条 在完成急难险重和其他特殊任务中,组织严密,作风顽强,不畏艰险,连续奋战,为保护国家、人民和军队的利益,作出突出成绩,有较大贡献的,可以记三等功;功绩显著,有重要贡献的,可以记二等功;功绩卓著,有重大贡献和影响的,可以记一等功。

附 录

第五十七条 在参加联合国维持和平行动、国际救援、保护我国（境）外公民人身和资产安全、反恐和护航等军事行动中，在中外联演联训以及其他军事外交工作中，组织严密，成绩突出，有较大贡献的，可以记三等功；功绩显著，有重要贡献的，可以记二等功；功绩卓著，有重大贡献和影响的，可以记一等功。

第五十八条 贯彻政治建军要求，坚持党对军队绝对领导，用习近平强军思想武装官兵，传承和弘扬我党我军优良传统，培育有灵魂、有本事、有血性、有品德的新时代革命军人，锻造铁一般信仰、铁一般信念、铁一般纪律、铁一般担当的过硬部队，保持高度集中统一和纯洁巩固，成绩突出的，可以记三等功；功绩显著的，可以记二等功；功绩卓著，有重大影响的，可以记一等功。

第五十九条 紧贴实战开展训练，在探索克敌制胜战法、推动实战化训练创新、完成重大演训任务等方面，成绩突出，有较大贡献的，可以记三等功；功绩显著，有重要贡献的，可以记二等功；功绩卓著，有重大贡献和影响的，可以记一等功。

第六十条 聚焦打赢信息化战争，搞好后勤、装备保障，促进部队建设和重大任务完成，成绩突出，有较大贡献的，可以记三等功；功绩显著，有重要贡献的，可以记二等功；功绩卓著，有重大贡献和影响的，可以记一等功。

第六十一条 坚持依法治军从严治军，全面落实法规制度，作风优良，纪律严明，管理科学，秩序正规，风气纯正，士气高昂，正规化建设成效明显，成绩突出的，可以记三等功；功绩显著的，可以记二等功；功绩卓著，有重大影响的，可以记一等功。

第六十二条　加强基层全面建设，在实施科学抓建、推动创新发展方面，成绩突出的，可以记三等功；功绩显著的，可以记二等功；功绩卓著，在全军有重大影响的，可以记一等功。

第六十三条　圆满完成教学、科研任务，并在教学改革和科研中，取得突出成绩，对推动、指导教学、科研工作和部队建设、提高战斗力有较大贡献的，可以记三等功；功绩显著，有重要贡献的，可以记二等功；功绩卓著，有重大贡献的，可以记一等功。

第六十四条　建设社会主义精神文明，在拥政爱民、支援国家经济建设、推动军民融合深度发展中，成绩突出的，可以记三等功；功绩显著的，可以记二等功；功绩卓著，有重大影响的，可以记一等功。

第六十五条　文化、新闻、出版、体育等单位，坚持正确的政治方向，热心为部队服务，成绩突出，为国家和军队赢得荣誉的，可以记三等功；功绩显著，有重要贡献的，可以记二等功；功绩卓著，有重大贡献和影响的，可以记一等功。

第六十六条　在本条令第五十三条至第六十五条规定情形之外的其他方面表现突出，与记三等功、二等功、一等功的事迹、贡献和影响相当的，可以分别记三等功、二等功、一等功。

对作战中其他表现突出行为的奖励,由中央军委另行规定。

第六十七条 在作战、训练或者其他工作中,功绩卓著,有特殊贡献,在全军、全国有重大影响和推动作用,堪称楷模的,可以授予荣誉称号。

第五节 奖励的权限

第六十八条 连级以上单位按照规定的权限实施奖励。必要时,上级单位可以实施属于下级单位批准权限的奖励。

第六十九条 连级单位执行下列奖励的批准权限:

(一)义务兵的嘉奖;

(二)初级、中级士官的嘉奖;

(三)排级和专业技术十四级军官(办事员级和专业技术十四级文职干部)的嘉奖。

第七十条 营级单位执行下列奖励的批准权限:

(一)高级士官的嘉奖;

(二)连级和专业技术十三、十二级军官(科员级和专业技术十三、十二级文职干部)的嘉奖;

(三)排级以下单位的嘉奖。

第七十一条 团级单位执行下列奖励的批准权限:

(一)义务兵的三等功;

(二)初级、中级士官的三等功;

(三)营级和专业技术十一、十级军官(科级和专业技

术十一、十级文职干部)的嘉奖,连级以下和专业技术十二级以下军官(科员级以下和专业技术十二级以下文职干部)的三等功;

(四)排级以下单位的三等功,连级单位的嘉奖。

第七十二条 副师级单位执行下列奖励的批准权限:

(一)义务兵的二等功;

(二)高级士官的三等功,初级、中级士官的二等功;

(三)副团职和专业技术九级军官(副处级和专业技术九级文职干部)的嘉奖,营级和专业技术十一、十级军官(科级和专业技术十一、十级文职干部)的三等功;

(四)排级以下单位的二等功,连级单位的三等功,营级单位的嘉奖。

第七十三条 正师级单位执行下列奖励的批准权限:

正团职和专业技术八、七(中级专业技术职务)级军官(正处级和专业技术八级文职干部,中级专业技术职务的专业技术七级文职干部)的嘉奖,连级以下和专业技术十二级以下军官(科员级以下和专业技术十二级以下文职干部)的二等功。

第七十四条 军级单位执行下列奖励的批准权限:

(一)义务兵的一等功;

(二)高级士官的二等功,初级、中级士官的一等功;

(三)师级和专业技术七(高级专业技术职务)、六、五、四级军官(局级和专业技术六、五、四级文职干部,高级专业技术职务的专业技术七级文职干部)的嘉奖,团级和专业技术九、八、七（中级专业技术职务）级军官（处级和专业技术九、八级文职干部，中级专业技术职务的专业技术七级文职干部）的三等功，营级和专业技术十一、十级军官（科级和专业技术十一、十级文职干部）的二等功，连级以下和专业技术十二级以下军官（科员级以下和专业技术十二级以下文职干部）的一等功；

（四）排级以下单位的一等功，连级单位的二等功，营级单位的三等功，团级单位的嘉奖。

第七十五条　战区军种（相当等级的部队，不含联勤保障部队）执行下列奖励的批准权限：

（一）副军职和专业技术三级军官（文职干部）的嘉奖，副师职和专业技术七级（高级专业技术职务）军官（副局级和高级专业技术职务的专业技术七级文职干部）的三等功，副团职和专业技术九级军官（副处级和专业技术九级文职干部）的二等功，副营职和专业技术十一级军官（副科级和专业技术十一级文职干部）的一等功；

（二）副师级单位的嘉奖。

第七十六条　战区、军兵种执行下列奖励的批准权限：

（一）高级士官的一等功；

（二）正军职和专业技术二级以上军官（文职干部）的嘉奖，正师职和专业技术六、五、四级军官（局级和专业技术六、五、四级文职干部）的三等功，正团职、师级和专业技术八、七、六、五、四级军官（处级、局级和专业技术八、七、六、五、四级文职干部）的二等功，正营职、团级和专业技术十、九、八、七（中级专业技术职务）级军官（正科级、处级和专业技术十、九、八级文职干部，中级专业技术职务的专业技术七级文职干部）的一等功；

（三）连级、营级单位的一等功，营级、团级单位的二等功，团级、副师级单位的三等功，正师级单位的嘉奖。

第七十七条 中央军委执行下列奖励的批准权限：

（一）战区级以上军官的各项奖励，军级和专业技术三级以上军官（文职干部）的三等功、二等功、一等功，师级和专业技术七（高级专业技术职务）、六、五、四级军官（局级和专业技术六、五、四级文职干部，高级专业技术职务的专业技术七级文职干部）的一等功；

（二）荣誉称号和八一勋章；

（三）团级单位的一等功，副师级单位的二等功、一等功，正师级单位的三等功、二等功、一等功，军级以上单位的各项奖励。

第七十八条 中央军委办公厅、联合参谋部、政治工作部、后勤保障部、装备发展部、训练管理部、国防动员部、纪律检查委员会、政法委员会、科学技术委员会，执行战区、军兵种的奖励权限；中央军委战略规划办公室、改革和编制办公室、国际军事合作办公室、审计署、机关事务管理总局，执行军级单位的奖励权限。其他各级机关对直属单位、所属部门和人员，执行下一级部（分）队的奖励权限。

军事科学院、国防大学执行战区、军兵种的奖励权限。国防科技大学原则上执行军级单位的奖励权限，但副师职和专业技术七级（高级专业技术职务）、专业技术六级军官（副局级和高级专业技术职务的专业技术七级文职干部、专业技术六级文职干部）以及团级单位的三等功由国防科技大学批准，其他超出军级单位奖励权限、属于战区级单位批准权限范围的奖励事项，经中央军委批准后，授权国防科技大学正职首长签署命令实施奖励。

第七十九条 对从普通中学毕业生和部队士兵中招收的军队院校学员、已办理入伍手续尚未确定军衔级别的直招士官实施奖励，按照对义务兵奖励的权限执行；对已办理入伍手续尚未确定职务或者专业技术等级的毕业国防生、直接接收到部队工作的普通高等学校毕业生、军队研究生培养单位录取的普通高等学校毕业生，以及尚未确定职务或者专业技术等级的军队院校毕业学员实施奖励，按照对排级和专业技术十四级军官奖励的权限执行；对军官（文职干部）学员实施奖励，按照现任职务或者专业技术等级的奖励权限执行。

第八十条 对既有行政职务又有专业技术等级的军官（文职干部）实施奖励，根据其主要事迹的性质，按照行政职务或者专业技术等级的奖励权限执行。

第八十一条 战时奖励权限可以适当下放，具体办法由中央军委另行规定。

第六节 奖励的实施

第八十二条 奖励必须根据个人和单位执行任务的客观条件、事迹、作用和影响的大小，全面衡量，按照本条令规定的奖励项目、条件、权限和程序，及时、正确地实施。

对个人或者单位的同一事迹通常只能给予一次奖励。

第八十三条　对获得三等功、二等功、一等功奖励的个人，分别授予三等功、二等功、一等功奖章，并颁授证书。对获得三等功、二等功、一等功奖励的单位颁发奖状。

荣誉称号由中央军委决定，中央军委主席向个人颁授英模奖章和证书、向单位颁授奖旗。一般在每年建军节前夕举行颁授仪式，也可以视情及时授予。荣誉称号的名称，根据授予对象的事迹特点确定。

八一勋章由中央军委决定，中央军委主席签发证书并颁授，一般每5年授予一次。

中央军委政治工作部可以根据实际情况，规定具体的奖励比例，其中对担任团级以上领导职务的军官（文职干部）的奖励应当从严控制。

第八十四条　实施奖励应当按照下列程序办理：

（一）群众或者领导提名，并进行群众评议，提出受奖人员和单位以及奖励项目的建议；

（二）党委（支部）召开会议，研究决定受奖对象和奖励项目；超过本级奖励权限的，报上级党委审定；

（三）党委研究决定三等功以上奖励之前，应当对奖励事迹进行核实；

（四）根据党委（支部）决定，由批准单位的正职首长实施奖励。

在执行作战、急难险重任务等特殊情况下，首长可以直接决定对部属实施奖励,但事后应当向党委(支部)报告,并对此负责。

第八十五条 奖励决定,以书面或者口头方式下达,在队列前或者会议上宣布,也可以书面传阅或者只向受奖者宣布。书面下达的奖励决定,嘉奖和三等功、二等功、一等功采取通令形式;荣誉称号和八一勋章采取命令形式。书面和口头下达的奖励决定,必须填写《奖励登记(报告)表》(式样见附录二、附录三)。对个人的奖励宣布后,应当将《奖励登记(报告)表》、奖励通令或者命令,以及其他有关的奖励材料归入本人档案。

第八十六条 实施奖励的单位,应当及时宣扬受奖者的先进事迹,情况允许时,可以召开庆功授奖大会,以鼓励和教育部队。

第八十七条 对获得三等功以上奖励的个人,所在单位政治工作部门应当及时向其家庭所在地人民政府、县(市)级人民武装部或者入伍前所在工作单位、院校寄发受奖通知书,向其家庭寄发喜报,并协调省军区系统及地方人民政府有关部门做好宣扬工作。

第八十八条 同一人有本条令规定的两种以上应当受到奖励的行为,应当合并实施奖励,按照其数种行为中应当受到的最高奖励给予奖励。

第八十九条 已下达退役命令的人员,在规定的报到期限前有突出事迹、符合奖励条件的,可以给予奖励。牺牲或者病故人员生前有突出事迹、符合奖励条件的,可以追加实施奖励。追加实施奖励通常在其牺牲或者病故 6 个月内办理。

第九十条 对离开原单位，被组织派遣参加集训、执行临时任务和学习培训的人员，时间超过 6 个月，符合奖励条件的，可以由临时所在单位，按照规定的权限实施奖励；时间不足 6 个月，符合奖励条件的，由临时所在单位将其事迹向原单位介绍，由原单位统一衡量，视情实施奖励。

设有临时党委（支部），时间超过 6 个月的临时单位，可以按照上级明确的权限，对符合奖励条件的所属人员实施奖励；时间不足 6 个月的，对符合奖励条件的所属人员，可以将其事迹向原单位介绍，由原单位统一衡量，视情实施奖励。

第九十一条 奖励通常应当按级实施，因编制或者其他特殊情况，上级可以对下级越级实施。

第九十二条 已经实施的奖励，有下列情形之一的，应当撤销奖励：

（一）弄虚作假，骗取奖励的；

（二）获奖事迹与事实不符的；

（三）申报奖励时隐瞒严重错误或者违反规定程序的；

（四）有法律、法规规定应当撤销奖励的其他情形的。

撤销奖励的权限和程序，按照实施奖励的权限和程序办理。

第九十三条 执行作战任务，按作战指挥关系组织实施奖励。战区组织的联演联训和抢险救灾、反恐维稳、处置突发事件等重大军事行动，由战区提出实施奖励的建议，按领导管理关系决定和实施奖励。

第七节 奖励的待遇

第九十四条 平时对获得三等功以上奖励的义务兵，可以提前晋衔；对获得二等功以上奖励或者 3 次三等功奖励的士官，可以增加军衔级别工资档次；对获得二等功奖励或者 3 次三等功奖励的军官（文职干部），可以增加职务（专业技术等级）工资档次；对获得一等功以上奖励的士官，可以提前晋衔；对获得一等功以上奖励的军官（文职干部），可以提前晋衔（文职干部级别）或者增加职务（专业技术等级）工资档次。

第九十五条 战时对获得嘉奖以上奖励的义务兵，可以提前晋衔；对获得三等功以上奖励或者 3 次嘉奖奖励的士官，可以增加军衔级别工资档次；对获得三等功奖励或者 3 次嘉奖奖励的军官（文职干部），可以增加职务（专业技术等级）工资档次；对获得二等功以上奖励或者 3 次三等功奖励的士官，可以提前晋衔；对获得二等功以上奖励或者 3 次三等功奖励的军官（文职干部），可以提前晋衔（文职干部级别）或者增加职务（专业技术等级）工资档次。

第九十六条 提前晋衔适用于列兵、二级军士长以下士官（不得超过其岗位规定的最高编制军衔）和上校以下军官（不得超过其职务等级规定的最高编制军衔）；提前晋文职干部级别适用于四级以下的文职干部（不得超过其职务等级规定的最高级别）；增加军衔级别工资档次适用于低于本军衔级别工资最高档次的各级士官；增加职务（专业技术等级）工资档次适用于各级低于最高档次的军官（文职干部）。提前晋衔、晋文职干部级别、增加工资档次，通常分别只晋一衔、晋一级、增加一档。

第四章 表　彰

第九十七条　团级以上单位对在作战、训练或者其他工作中表现突出，作出积极贡献的人员和单位，可以给予表彰。

第九十八条　中央军委设立的全军性表彰项目，属于部队全面建设、中心工作或者执行中央军委赋予的重大任务方面的，由中央军委实施；属于单项工作方面的，由牵头和配合的军委机关部门会同中央军委政治工作部联合实施。

团级以上单位设立的表彰项目，属于部队全面建设、中心工作或者执行重大任务方面的，由该单位或者该单位党委实施；属于单项工作方面的，由该单位牵头和配合的机关部门会同政治工作部门联合实施。

第九十九条　表彰项目根据工作或者任务的类型、性质确定，由组织单位按照程序提出立项申请，通常在每年第一季度集中办理。执行重大任务等特殊情况，确需临时增加表彰项目的，单独申报审批。

第一百条　组织实施表彰，通常结合年终工作总结、执行重大任务和有关重要纪念、会议活动等时机进行。

表彰项目的立项申请、审批和具体实施，按照有关规定执行。

第五章 纪念章

第一百零一条 作战纪念章颁发给直接执行作战任务的人员。该纪念章的具体名称和颁发范围,由中央军委政治工作部拟定并报中央军委批准。

第一百零二条 重大任务纪念章颁发给执行中央军委赋予的抢险救灾、反恐维稳、处置突发事件等重大军事行动任务的人员。该纪念章的具体名称和颁发范围,由中央军委政治工作部拟定并报中央军委批准。

第一百零三条 国防服役纪念章颁发给服现役满 8 年以上的人员,其中,服现役满 8 年以上、不满 16 年的,授予铜质纪念章;服现役满 16 年以上、不满 30 年的,授予银质纪念章;服现役满 30 年以上的,授予金质纪念章。

第一百零四条 卫国戍边纪念章颁发给在边海防、边远艰苦地区服现役的人员,其中,对在第一、二等级边远艰苦地区累计服现役满 1 年的;在第三等级边远艰苦地区累计服现役满 2 年的;在第四等级边远艰苦地区累计服现役满 3 年的;在第五等级边远艰苦地区累计服现役满 4 年的;在第六等级边远艰苦地区累计服现役满 5 年的,可以授予铜质纪念章。在上述边远艰苦地区服现役时间,累计达到以上相应规定时间 2 倍以上的,可以授予银质纪念章;累计达到以上相应规定时间 3 倍以上的,可以授予金质纪念章。

第一百零五条 献身国防纪念章颁发给烈士和因公牺牲、因公致残的人员,其中,给烈士颁发金质纪念章,给因公牺牲军人颁发银质纪念章,给因公致残军人颁发铜质纪念章。

第一百零六条 和平使命纪念章颁发给执行联合国维持和平行动、联合反恐、联合军演、援外活动等军事任务的人员。

第一百零七条 根据需要,中央军委可以向参与特定时期、特定领域、重大工作的个人颁发其他纪念章。

第一百零八条 纪念章的颁发对象由团级以上单位政治工作部门逐级审核呈报,军级以上单位政治工作部门审定并以通知形式发布,团级以上单位举行仪式颁发。作战纪念章、重大任务纪念章、和平使命纪念章,通常在任务结束后颁发;国防服役纪念章、卫国戍边纪念章,通常结合年度奖励颁发;献身国防纪念章,在批准为烈士、确认为因公牺牲或者认定为因公致残后颁发。

第六章 处 分

第一节 处分的目的和原则

第一百零九条 处分的目的在于严明纪律,教育违纪者和部队,强化纪律观念,维护集中统一,巩固和提高部队战斗力。

第一百一十条 处分应当坚持下列原则:

(一)依据事实,惩戒恰当;

(二)惩前毖后,治病救人;

(三)纪律面前人人平等。

第二节 处分的项目

第一百一十一条 对义务兵的处分项目:

(一) 警告;

(二) 严重警告;

(三) 记过;

(四) 记大过;

(五) 降职或者撤职;

(六) 降衔;

(七) 除名;

(八) 开除军籍。

前款规定的处分项目,依次以警告为最轻处分,开除军籍为最重处分。

降职不适用于副班长,降衔不适用于列兵。

第一百一十二条 对士官的处分项目:

(一) 警告;

(二) 严重警告;

(三) 记过;

(四) 记大过;

(五) 降职或者撤职;

(六) 降衔;

(七) 开除军籍。

前款规定的处分项目,依次以警告为最轻处分,开除军籍为最重处分。

降职不适用于副班长；降衔不适用于下士；降职或者降衔通常只降一职或者一衔；降职、降衔后，其职务、军衔晋升的期限按照新的职务、军衔等级重新计算。

第一百一十三条 对军官（文职干部）的处分项目：

（一）警告；

（二）严重警告；

（三）记过；

（四）记大过；

（五）降职（级）或者降衔（级）；

（六）撤职；

（七）开除军籍。

前款规定的处分项目，依次以警告为最轻处分，开除军籍为最重处分。降职（级），即降低职务等级（专业技术等级）；降衔（级），即降低军官军衔（文职干部级别）。

降职（级）不适用于排级和专业技术十四级军官（办事员级和专业技术十四级文职干部）；降衔（级）不适用于少尉军官（九级文职干部）。降职（级）、降衔（级）通常只降一职（级）或者一衔（级）。对被撤职的军官（文职干部），至少降低一职（级）待遇；对被撤职的排级和专业技术十四级军官（办事员级和专业技术十四级文职干部），不适用于降职（级）待遇。降职（级）、降衔（级）后，其职（级）、衔（级）晋升的期限按照新的职（级）、衔（级）重新计算。

第三节　处分的条件

第一百一十四条　散布反对党的路线方针政策、反对社会主义制度、反对党对军队绝对领导、反对军委集中统一领导和军委主席负责制等错误言论，或者公开发表支持"军队非党化、非政治化"和"军队国家化"等错误政治观点的文章、演说、宣言、声明等，或者为上述行为提供便利条件，情节较轻的，给予警告、严重警告处分；情节较重的，给予记过、记大过处分；情节严重的，给予降职（级）、降衔（级）、撤职处分。

第一百一十五条　丑化党、国家和军队形象，诋毁、诬蔑党、国家和军队领导人，贬损英模人物，或者歪曲否定党史、军史、军队光荣传统和优良作风，情节较轻的，给予警告、严重警告处分；情节较重的，给予记过、记大过处分；情节严重的，给予降职（级）、降衔（级）、撤职处分。

第一百一十六条　组织或者参加旨在反对党的领导、反对社会主义制度、敌视政府的组织，以及会道门、邪教组织等国家、军队禁止的政治性组织，与社会上的非法组织和非法刊物及有政治性问题的人发生联系，情节较轻的，给予记过、记大过处分；情节较重的，给予降职（级）、降衔（级）、撤职处分。

第一百一十七条　组织或者参与游行、示威、静坐，以及集体上访、迷信等军队禁止的活动，情节较轻的，给予警告、严重警告处分；情节较重的，给予记过、记大过处分；

情节严重的，给予降职（级）、降衔（级）、撤职处分。

第一百一十八条 擅自出国（境）或者滞留国（境）外不归，情节较轻的，给予记过、记大过处分；情节较重的，给予降职（级）、降衔（级）、撤职处分。

擅自与国（境）外人员交往，涉外活动中其言行在政治上造成不良影响，情节较轻的，给予警告、严重警告处分；情节较重的，给予记过、记大过处分；情节严重的，给予降职（级）、降衔（级）、撤职处分。

第一百一十九条 在国（境）外执行任务中，接受损害党、国家、军队尊严和利益的国（境）外邀请、奖励，违反规定造成不良影响和损失，情节较轻的，给予警告、严重警告处分；情节较重的，给予记过、记大过处分；情节严重的，给予降职（级）、降衔（级）、撤职处分。

第一百二十条 领导干部对违反政治纪律和政治规矩等错误思想和行为放任不管，搞无原则一团和气，造成不良影响，情节较轻的，给予警告、严重警告处分；情节较重的，给予记过、记大过处分；情节严重的，给予降职（级）、降衔（级）、撤职处分。

第一百二十一条 作战消极，临阵畏缩，情节较轻的，给予记过、记大过处分；情节较重的，给予降职（级）、降衔（级）、撤职处分。

第一百二十二条 不执行上级的命令和指示，有令不行，有禁不止，情节较轻的，给予警告、严重警告处分；情节较重的，给予记过、记大过处分；情节严重的，给予降职

（级）、降衔（级）、撤职处分。

第一百二十三条　战时故意损伤无辜居民，或者故意侵犯居民利益，情节较轻的，给予记过、记大过处分；情节较重的，给予降职（级）、降衔（级）、撤职处分。

第一百二十四条　虐待俘虏，情节较轻的，给予警告、严重警告处分；情节较重的，给予记过、记大过处分；情节严重的，给予降职（级）、降衔（级）、撤职处分。

第一百二十五条　违反战备规定，降低战备质量标准，影响战备落实，情节较轻的，给予警告、严重警告处分；情节较重的，给予记过、记大过处分；情节严重的，给予降职（级）、降衔（级）、撤职处分。

第一百二十六条　拒不执行或者擅自改变集体作出的重大决定，或者违反议事规则，个人或者少数人决定重大问题，决策严重失误，或者依法应当作出决策但久拖不决，造成严重损失，情节较轻的，给予记过、记大过处分；情节较重的，给予降职（级）、降衔（级）处分；情节严重的，给予撤职处分。

第一百二十七条　违规提拔、带病提拔使用干部，任人唯亲，跑官要官，买官卖官，篡改、伪造个人档案资料，以及其他违反干部选拔任用规定的行为，情节较轻的，给予记过、记大过处分；情节较重的，给予降职（级）、降衔（级）处分；情节严重的，给予撤职处分。

第一百二十八条　违反责任追究规定，压案不查、隐案不报、包庇袒护、惩处不力，或者对责任追究工作领导不力，情节较轻的，给予记过、记大过处分；情节较重的，给予降职（级）、降衔（级）处分；情节严重的，给予撤职处分。

第一百二十九条　弄虚作假，欺上瞒下，造成不良影响和损失，或者造谣诽谤，诬陷他人，情节较轻的，给予警告、严重警告处分；情节较重的，给予记过、记大过处分；情节严重的，给予降职（级）、降衔（级）、撤职处分。

第一百三十条　违反规定成立、参加社会团体、组织及其活动，或者成立、参加具有社会团体性质的网上组织及其活动，情节较轻的，给予警告、严重警告处分；情节较重的，给予记过、记大过处分；情节严重的，给予降职（级）、降衔（级）、撤职处分。

第一百三十一条　利用职权，打击报复或者刁难给自己提过批评意见的同志或者检举、控告（申诉）人，扣压、销毁检举、控告（申诉）材料，或者向被检举、控告人透露检举、控告情况，情节较轻的，给予警告、严重警告处分；情节较重的，给予记过、记大过处分；情节严重的，给予降职（级）、降衔（级）、撤职处分。

第一百三十二条　擅离部队或者无故逾假不归，3日以内的，给予警告、严重警告处分；累计4日以上7日以内的，给予记过、记大过处分；累计8日以上的，给予降职（级）、降衔（级）、撤职处分，其中义务兵累计15日以上的，按照本条令第一百七十条的规定给予处分。

第一百三十三条　转业、退伍、调动（分配）工作时，无正当理由不按照规定时间报到（离队）的，给予警告、严重警告处分；不服从组织决定，无理取闹，干扰正常秩序的，给予记过、记大过处分；情节严重的，给予降职（级）、降衔（级）、撤职处分。

第一百三十四条 违反军事训练规定，训风演风考风不正，无故未完成军事训练任务，降低军事训练质量标准，或者不落实军事训练考核要求，组织保障不力，影响军事训练落实，情节较轻的，给予警告、严重警告处分；情节较重的，给予记过、记大过处分；情节严重的，给予降职（级）、降衔（级）、撤职处分。

第一百三十五条 侮辱、打骂、体罚或者变相体罚部属，情节较轻的，给予警告、严重警告处分；情节较重的，给予记过、记大过处分；情节严重的，给予降职（级）、降衔（级）、撤职处分。

第一百三十六条 消极怠工，无故不参加学习、工作、训练、执勤等，情节较轻的，给予警告、严重警告处分；情节较重的，给予记过、记大过处分；情节严重的，给予降职（级）、降衔（级）、撤职处分。

第一百三十七条 工作失职，造成不良影响和损失，情节较轻的，给予警告、严重警告处分；情节较重的，给予记过、记大过处分；情节严重的，给予降职（级）、降衔（级）、撤职处分。

第一百三十八条 违反《中国人民解放军内务条令（试行）》有关军容风纪和军人行为规范的规定，情节较重的，给予警告至记大过处分；情节严重的，给予降职（级）、降衔（级）、撤职处分。

第一百三十九条 出租、出售或者违反规定出借军用车辆、军车号牌，变卖、仿制、出租或者擅自出借、赠送军服及其标志服饰，情节较轻的，给予警告、严重警告处分；情节较重的，给予记过、记大过处分；情节严重的，给予降职（级）、降衔（级）、撤职处分。

第一百四十条 违反军队证件、印章使用管理规定，情节较轻的，给予警告、严重警告处分；情节较重的，给予记过、记大过处分；情节严重的，给予降职（级）、降衔（级）、撤职处分。

第一百四十一条 违反法规制度、操作规程，造成事故或者其他损失，构成一般事故或者情节较轻的，给予警告、严重警告处分；构成严重事故或者情节较重的，给予记过、记大过处分；构成重大事故、特大事故或者情节严重的，给予降职（级）、降衔（级）、撤职处分。

第一百四十二条 违反装备管理规定，遗失、遗弃、损坏装备，擅自动用、馈赠、出售、出借、交换、私存装备，或者擅自改变装备编配用途和性能结构造成不良后果和损失，情节较轻的，给予警告、严重警告处分；情节较重的，给予记过、记大过处分；情节严重的，给予降职（级）、降衔（级）、撤职处分。

第一百四十三条 违反装备试验鉴定规定，不落实试验考核要求，隐瞒质量问题，造成不良后果和损失，情节较轻的，给予警告、严重警告处分；情节较重的，给予记过、记大过处分；情节严重的，给予降职（级）、降衔（级）、撤职处分。

第一百四十四条 违反国家和军队的保密规定，虽未造成失密、泄密，但危及军事秘密安全，情节较轻的，给予警告、严重警告处分；情节较重的，给予记过、记大过处分；情节严重的，给予降职（级）、降衔（级）、撤职处分。

违反国家和军队的保密规定，造成失密、泄密，情节较轻的，给予记过、记大过处分；情节较重或者涉及绝密事项的，给予降职（级）、降衔（级）、撤职处分。

第一百四十五条 违反规定使用移动电话、国际互联网，私自留存涉密载体，擅自携带涉密载体外出，情节较轻的，给予警告、严重警告处分；情节较重的，给予记过、记大过处分；情节严重的，给予降职（级）、降衔（级）、撤职处分。

第一百四十六条 未按规定使用密码装备，未经审查批准擅自编制密码或者使用国外密码处理军队涉密信息，未按要求配备、更换、使用密钥，情节较轻的，给予警告、严重警告处分；情节较重的，给予记过、记大过处分；情节严重的，给予降职（级）、降衔（级）、撤职处分。

第一百四十七条 窃取、隐匿、出卖、损坏、涂改、伪造、丢失档案，擅自转移、删除、销毁、提供、抄录、复制、公布、转让档案，以及违反档案管理其他规定，情节较轻的，给予警告、严重警告处分；情节较重的，给予记过、记大过处分；情节严重的，给予降职（级）、降衔（级）、撤职处分。

第一百四十八条 插手基层敏感事务，或者利用职权，侵占士兵、部属的经济利益，情节较轻的，给予警告、严重警告处分；情节较重的，给予记过、记大过处分；情节严重的，给予降职（级）、降衔（级）、撤职处分。

第一百四十九条 贪污、行贿、受贿，情节较轻的，给予警告、严重警告处分；情节较重的，给予记过、记大过处分；情节严重的，给予降职（级）、降衔（级）、撤职处分。

第一百五十条 违反纪检、监察、巡视、司法、审计工作规定，干预、拒绝、妨碍、对抗监督执纪和执法工作，打击、报复、陷害、诬告工作人员，或者工作人员滥用职权、徇私舞弊、玩忽职守，情节较轻的，给予警告、严重警告处分；情节较重的，给予记过、记大过处分；情节严重的，给予降职（级）、降衔（级）、撤职处分。

第一百五十一条 搞权色交易或者给予财物搞钱色交易，情节较轻的，给予警告、严重警告处分；情节较重的，给予记过、记大过处分；情节严重的，给予降职（级）、降衔（级）、撤职处分。

第一百五十二条 参与经商或者逃税漏税，以及参加以营利为目的的商业广告活动、文艺演出、企业形象代言和教学科研活动，情节较轻的，给予警告、严重警告处分；情节较重的，给予记过、记大过处分；情节严重的，给予降职（级）、降衔（级）、撤职处分。

第一百五十三条 虚报瞒报、伪造篡改军事设施数据，或者破坏军事设施,或者维护监管不力造成军事设施毁坏,情节较轻的,给予警告、严重警告处分;情节较重的,给予记过、记大过处分;情节严重的,给予降职(级)、降衔(级)、撤职处分。

第一百五十四条 擅自出租、出售、转让军队房地产,或者管理不善造成军用土地流失,情节较轻的,给予警告、严重警告处分;情节较重的,给予记过、记大过处分;情节严重的,给予降职(级)、降衔(级)、撤职处分。

第一百五十五条 擅自建设楼堂馆所,擅自改建、扩建住房,超标准建设住房,违规配售住房,多处占用公寓住房,超标准使用办公用房,重复购买房改房、经济适用房,利用公款装修房改房、经济适用房或者超标准装修公寓住房,以及拒不腾退或者拒不配合整改违规住房,对个人家庭住房、房产情况隐瞒不报、弄虚作假,情节较轻的,给予警告、严重警告处分;情节较重的,给予记过、记大过处分;情节严重的,给予降职(级)、降衔(级)、撤职处分。

第一百五十六条 违反公务接待管理规定,超标准、超范围接待或者借机大吃大喝,情节较轻的,给予警告、严重警告处分;情节较重的,给予记过、记大过处分;情节严重的,给予降职(级)、降衔(级)、撤职处分。

第一百五十七条 违反规定配备、购买、更换、装饰、使用公务用车,情节较轻的,给予警告、严重警告处分;情节较重的,给予记过、记大过处分;情节严重的,给予降职(级)、降衔(级)、撤职处分。

第一百五十八条 挪用、隐瞒、侵占公款公物或者违反其他财经纪律，情节较轻的，给予警告、严重警告处分；情节较重的，给予记过、记大过处分；情节严重的，给予降职（级）、降衔（级）、撤职处分。

第一百五十九条 盗窃、诈骗公私财物，情节较轻的，给予警告、严重警告处分；情节较重的，给予记过、记大过处分；情节严重的，给予降职（级）、降衔（级）、撤职处分。

第一百六十条 打架斗殴或者参加聚众闹事，情节较轻的，给予警告、严重警告处分；情节较重的，给予记过、记大过处分；情节严重的，给予降职（级）、降衔（级）、撤职处分。

第一百六十一条 违反规定喝酒，或者酒后驾驶机动车辆、操作武器装备，情节较轻的，给予警告、严重警告处分；情节较重的，给予记过、记大过处分；情节严重的，给予降职（级）、降衔（级）、撤职处分。

第一百六十二条 在战友、人民群众的生命财产或者国家公共财产遇到危险时，见危不救，情节较轻的，给予严重警告处分；情节较重的，给予记过、记大过处分；情节严重的，给予降职（级）、降衔（级）、撤职处分。

第一百六十三条 参与赌博，为赌博活动提供场所或者其他便利条件，情节较轻的，给予警告、严重警告处分；情节较重的，给予记过、记大过处分；情节严重的，给予降职（级）、降衔（级）、撤职处分。

第一百六十四条 观看、制作、贩卖、传播淫秽物品,情节较轻的,给予警告、严重警告处分;情节较重的,给予记过、记大过处分;情节严重的,给予降职(级)、降衔(级)、撤职处分。

第一百六十五条 调戏、侮辱妇女或者与他人发生不正当性关系,情节较轻的,给予警告、严重警告处分;情节较重的,给予记过、记大过处分;情节严重的,给予降职(级)、降衔(级)、撤职处分。

利用职权、从属关系或者其他类似关系与他人发生性关系的,依照前款规定从重或者加重处分。

第一百六十六条 嫖娼、卖淫、吸食或者注射毒品,情节较轻的,给予记过、记大过处分;情节较重的,给予降职(级)、降衔(级)、撤职处分。

第一百六十七条 超计划生育的,给予降职(级)、降衔(级)、撤职处分;其他违反计划生育规定,情节较轻的,给予警告、严重警告处分;情节较重的,给予记过、记大过处分;情节严重的,给予降职(级)、降衔(级)、撤职处分。

第一百六十八条 非法持有、私藏枪支、弹药,情节较轻的,给予记过、记大过处分;情节较重的,给予降职(级)、降衔(级)、撤职处分。

第一百六十九条 在本条令第一百一十四条至第一百六十八条规定情形之外的其他方面违反纪律,其性质、情节与本条令所列违纪行为相当的,对士兵给予警告至降衔处分,对军官（文职干部）给予警告至撤职处分。

对作战中其他违反纪律行为的处分，由中央军委另行规定。

第一百七十条 义务兵违反纪律，有下列情形之一的，应当除名：

（一）无正当理由，坚持要求提前退出现役，且经常拒不履行职责，经批评教育仍不改正的；

（二）擅离部队或者无故逾假不归累计15日以上的；

（三）被依法追究刑事责任，但不适用本条令第一百七十一条规定给予开除军籍处分的。

第一百七十一条 对违反纪律，有下列情形之一的，应当开除军籍：

（一）已构成危害国家安全罪的；

（二）被判处3年以上有期徒刑、无期徒刑、死刑的；

（三）被判处3年以下有期徒刑的人员在服刑期间，抗拒改造，情节严重的；

（四）隐瞒入伍前的犯罪行为，入伍后被地方司法机关追究刑事责任的；

（五）在国（境）外、外国驻华使（领）馆申请政治避难，或者逃往国（境）外、外国驻华使（领）馆的；

（六）违反纪律，情节严重，影响恶劣，已丧失军人基本条件的。

第一百七十二条 对被依法追究刑事责任的人员，不适用本条令第一百七十一条规定给予开除军籍处分的，应当给予降职（级）、降衔（级）、撤职、除名处分。

第四节　处分的权限

第一百七十三条　连级以上单位按照规定的权限实施处分。必要时，上级单位可以实施属于下级单位批准权限的处分。

第一百七十四条　连级单位执行下列处分的批准权限：

（一）义务兵的警告；

（二）初级、中级士官的警告。

第一百七十五条　营级单位执行下列处分的批准权限：

（一）义务兵的严重警告；

（二）初级、中级士官的严重警告，高级士官的警告；

（三）排级和专业技术十四级军官（办事员级和专业技术十四级文职干部）的警告、严重警告。

第一百七十六条　团级单位执行下列处分的批准权限：

（一）义务兵的记过、记大过、降职、撤职；

（二）初级、中级士官的记过、记大过、降职、撤职，高级士官的严重警告；

（三）排级和专业技术十四级军官（办事员级和专业技术十四级文职干部）的记过、记大过，连级和专业技术十三、十二级军官（科员级和专业技术十三、十二级文职干部）的警告、严重警告、记过、记大过，营级和专业技术十一、十级军官（科级和专业技术十一、十级文职干部）的警告、严重警告。

第一百七十七条 副师级单位执行下列处分的批准权限：

（一）高级士官的记过、记大过、降职、撤职；

（二）营级和专业技术十一、十级军官（科级和专业技术十一、十级文职干部）的记过、记大过，副团职和专业技术九级军官（副处级和专业技术九级文职干部）的警告、严重警告。

第一百七十八条 正师级单位执行下列处分的批准权限：

正团职和专业技术八、七（中级专业技术职务）级军官（正处级和专业技术八级文职干部，中级专业技术职务的专业技术七级文职干部）的警告、严重警告。

第一百七十九条 军级单位执行下列处分的批准权限：

（一）义务兵的除名、开除军籍；

（二）初级、中级士官的开除军籍；

（三）团级和专业技术九、八、七（中级专业技术职务）级军官（处级和专业技术九、八级文职干部，中级专业技术职务的专业技术七级文职干部）的记过、记大过，师级和专业技术七（高级专业技术职务）、六、五、四级军官（局级和专业技术六、五、四级文职干部，高级专业技术职务的专业技术七级文职干部）的警告、严重警告。

第一百八十条 战区军种（相当等级的部队，不含联勤保障部队）执行下列处分的批准权限：

副团职和专业技术九级以下军官（副处级和专业技术九级以下文职干部）的开除军籍，师级和专业技术七（高级专业技术职务）、六、五、四级军官（局级和专业技术六、五、四级文职干部,高级专业技术职务的专业技术七级文职干部)的记过、记大过,副军职和专业技术三级军官(文职干部)的警告、严重警告。

第一百八十一条 战区、军兵种执行下列处分的批准权限:

(一)高级士官的开除军籍;

(二)正团职和专业技术八、七(中级专业技术职务)级军官(正处级和专业技术八级文职干部,中级专业技术职务的专业技术七级文职干部)的开除军籍,正军职和专业技术二级以上军官(文职干部)的警告、严重警告。

第一百八十二条 中央军委执行下列处分的批准权限:

(一)师级和专业技术七(高级专业技术职务)、六、五、四级军官(局级和专业技术六、五、四级文职干部,高级专业技术职务的专业技术七级文职干部)的开除军籍;

(二)军级和专业技术三级以上军官(文职干部)的记过、记大过、开除军籍,其中,记过、记大过处分,中央军委可以授权中央军委纪律检查委员会代为办理处分审批事项;

(三)战区级军官的各项处分。

第一百八十三条 对士兵实施降衔处分,按照《中国人民解放军现役士兵服役条例》规定的士兵军衔授予、晋升的批准权限执行。

对军官(文职干部)实施降职(级)、撤职处分,按照《中华人民共和国现役军官法》和中央军委规定的军官(文职干部)任免权限执行;对军官实施降衔处分,按照《中国人民解放军军官军衔条例》规定的权限执行；对文职干部实施降级别处分，按照中央军委规定的权限执行。战区、军兵种、战区军种以及其他相当等级的单位和军级单位党委审批的记过、记大过处分，可以授权本级纪律检查委员会代为办理处分审批事项。

团级以上单位对不具有任免权的军官（文职干部）给予的警告、严重警告、记过、记大过处分，应当报有任免权的单位党委备案。

对高级专业技术职务的军官（文职干部）实施降职（级）、降衔（级）或者撤职处分，应当报中央军委政治工作部备案。

第一百八十四条 中央军委办公厅、联合参谋部、政治工作部、后勤保障部、装备发展部、训练管理部、国防动员部、纪律检查委员会、政法委员会、科学技术委员会，执行战区、军兵种的处分权限；中央军委战略规划办公室、改革和编制办公室、国际军事合作办公室、审计署、机关事务管理总局，执行军级单位的处分权限，需上级审批的处分事项报代管部门按程序办理。其他各级机关对直属单位和所属部门的人员，执行下一级部（分）队的处分权限。

军事科学院、国防大学执行战区、军兵种的处分权限，国防科技大学执行军级单位的处分权限。

第一百八十五条 对从普通中学毕业生和部队士兵中招收的军队院校学员、已办理入伍手续尚未确定军衔级别的直招士官实施处分，按照对义务兵处分的权限执行；对已办理入伍手续尚未确定职务或者专业技术等级的毕业国防生、直接接收到部队工作的普通高等学校毕业生、军队研究生培养单位录取的普通高等学校毕业生，以及尚未确定职务或者专业技术等级的军队院校毕业学员实施处分，按照对排级和专业技术十四级军官处分的权限执行；对军官（文职干部）学员实施处分，按照现任职务或者专业技术等级的处分权限执行。

第一百八十六条 对既有行政职务又有专业技术等级的军官（文职干部）实施处分，按照其中较高的行政职务或者专业技术等级的处分权限执行。

第一百八十七条 战时处分权限可以适当下放，具体办法由中央军委另行规定。

第五节 处分的实施

第一百八十八条 处分应当根据违纪者所犯错误的事实、性质、情节以及影响，本人一贯表现和对错误的认识等情况，按照本条令规定的处分项目、条件和程序，慎重实施。

对一次处理的一种或者多种违纪行为只能给予一次处分。

第一百八十九条 实施处分应当按照下列程序办理：

（一）由首长组织或者承办机关负责，对违纪者的违纪事实进行查证，并写出书面材料；

（二）党委（支部）召开会议，研究决定对违纪者的处分；超过本级处分权限的，逐级报上级党委审定；

（三）根据党委（支部）决定，由批准单位的正职首长实施处分。

在紧急情况下，首长可以直接决定对部属实施处分，但事后应当向党委（支部）报告，并对此负责。

第一百九十条 对违纪者应当及时处理，一般在发现违纪行为45日以内给予处分。情节复杂或者有其他特殊情况，需要延长时限时，应当报上级批准。

第一百九十一条 处分决定宣布前，应当在10日内同受处分者见面，听取本人意见。

第一百九十二条 处分决定以书面或者口头方式下达，在队列前或者会议上宣布，也可以书面传阅或者只向受处分者宣布。书面下达的处分决定采取通令形式。书面和口头下达的处分决定，必须填写《处分登记（报告）表》（式样见附录四）。处分宣布后，应当将《处分登记（报告）表》、处分通令以及其他有关的处分材料归入本人档案。

对受处分者应当说服教育，热情帮助，做好思想工作，不得歧视、侮辱，严禁打骂、体罚或者变相体罚。

第一百九十三条 对义务兵实施除名处分，由其所在单位提出书面处分建议，团级以上单位机关职能部门调查核实，正职首长审核后，报军级以上单位批准。

第一百九十四条 对被除名的义务兵，离队时不予办理退伍手续，由批准单位出具证明，并派专人将其档案材料送回原征集地县（市、区）人民武装部。

县（市、区）人民武装部对被除名的义务兵，应当及时接收，协助办理落户、档案材料移交等有关手续，并在本县

(市、区)范围内予以通报。

第一百九十五条 对被开除军籍的人员,离队时不予办理退伍手续,由批准单位出具证明,派专人遣送回原征集地或者原户籍所在地或者配偶(父母、子女)户籍所在地县(市、区)人民武装部。

县(市、区)人民武装部对被开除军籍的人员,应当及时接收,协助办理落户等有关手续,并在本县(市、区)范围内予以通报。

第一百九十六条 明知自己的行为会发生危害国家、人民或者军队的结果,并且希望或者放任这种结果发生,是故意违反纪律。

第一百九十七条 应当预见自己的行为可能发生危害国家、人民或者军队的结果,因为疏忽大意而没有预见,或者已经预见而轻信能够避免,以致发生这种结果的,是过失违反纪律。

第一百九十八条 共同违反纪律是指2人以上共同故意违反纪律。

对经济方面共同违反纪律的,按照个人所得数额及其所起作用,分别给予处分;对为首者,按照共同违反纪律的总数额给予处分。

单位领导集体作出违纪决定或者实施其他违纪行为,对具有共同故意的成员,按共同违反纪律处理;对过失违反纪律的成员,按照其在集体违反纪律中所起的作用和应负的责任分别给予处分。

2人以上共同过失违反纪律,不以共同违反纪律论处;应当受处分的,按照他们的违纪情形分别给予处分。

第一百九十九条 从轻处分,是指在本条令规定的违纪行为应当受到的处分幅度以内,给予较轻的处分。

从重处分,是指在本条令规定的违纪行为应当受到的处分幅度以内,给予较重的处分。

第二百条 减轻处分,是指在本条令规定的违纪行为应当受到的处分幅度以外,减轻一档给予处分。

加重处分,是指在本条令规定的违纪行为应当受到的处分幅度以外,加重一档给予处分。

第二百零一条 有下列情形之一的,可以从轻或者减轻处分:

(一)主动交代违纪事实,或者主动退还违法违纪所得的;

(二)主动检举共同违反纪律中他人的违纪事实,并经查证属实的;

(三)主动挽回损失和影响,或者积极阻止危害后果发生、发展的;

(四)过失违反纪律的;

(五)共同违反纪律中被胁迫或者被教唆的;

(六)有其他立功表现的。

符合本条令规定的开除军籍情形的,不适用本条前款减轻处分的规定。

第二百零二条 违纪行为较轻,违纪以后主动报告,如实供述自己的违纪行为的,可以免予处分。

第二百零三条 发生事故特别是训练中的事故,应当依法界定事故性质和责任,除因失职渎职、指挥错误、处置失当和玩忽职守、违反规章制度和操作规程等造成的事故外,可以视情从轻、减轻或者免予处分。

第二百零四条 有下列情形之一的,应当从重或者加重处分:

(一)隐瞒或者拒不承认违纪事实,以及伪造、销毁、藏匿证据的;

(二)在共同违反纪律中起主要作用的;

(三)共同违反纪律中胁迫、教唆他人违反纪律的;

(四)包庇共同违反纪律人员中他人的违纪事实,或者阻止他人检举、交代违纪事实、提供证据的;

(五)其他干扰、妨碍查处违纪行为的。

第二百零五条 对于一人同时有本条令规定的两种以上违纪行为的,应当合并处理,按其违纪行为中应当受到的最高处分加重一档给予处分;其中一种违纪行为应当受到开除军籍处分的,给予开除军籍处分。

第二百零六条 对同一违纪行为受到严重警告以下党纪处分的,可以视情不再依照本条令规定给予处分。

第二百零七条 有严重违纪行为应当给予开除军籍处分,在实施处分前擅自离队超过6个月或者下落不明超过6个月的,应当作出决定,开除其军籍。

第二百零八条 违纪人员在组织作出处分决定前死亡,

或者在死亡后发现其曾有严重违纪行为，对于应当给予开除军籍处分的，开除其军籍；对于应当给予除开除军籍以外的其他处分的，作出书面结论，不再给予处分。

第二百零九条　对离开原单位，被组织派遣参加集训、执行临时任务和学习培训的人员，在此期间违反纪律的，由临时所在单位征求其原单位意见后，按照规定的权限实施处分。

设有临时党委（支部）的临时单位，可以按照上级明确的权限对所属违反纪律的人员实施处分。

第二百一十条　处分通常应当按级实施，因编制或者其他特殊情况，上级可以对下级越级实施。

第二百一十一条　有下列情形之一的，应当撤销处分决定：

（一）处分所依据的违法违纪事实证据不足的；

（二）违反法定程序，影响公正处理的；

（三）超越职权或者滥用职权作出处分决定的。

第二百一十二条　有下列情形之一的，应当变更处分决定：

（一）对违法违纪行为的情节认定有误的；

（二）适用本条令处分的条件错误，处分不当的。

第二百一十三条　撤销处分、变更处分后，需要调整受处分者的职务等级（专业技术等级）、军衔（文职干部级别），以及相应工资档次的，应当按照规定予以调整，工资福利受到损失的，应当予以补偿。撤销处分的，应当在适当范围内为其恢复名誉。

第二百一十四条 执行作战任务,按作战指挥关系组织实施处分。战区组织的联演联训和抢险救灾、反恐维稳、处置突发事件等重大军事行动,由战区提出实施处分的建议,按领导管理关系决定和实施处分。

第六节 处分对个人待遇的影响

第二百一十五条 违纪人员受警告、严重警告处分满6个月,受记过、记大过处分满12个月,义务兵受降职、撤职或者降衔处分、士官受降职或者撤职处分、军官(文职干部)受降职(级)或者降衔(级)处分满18个月,士官受降衔处分、军官(文职干部)受撤职处分满24个月,确已改正错误的,不再因受到处分而影响其晋职(级)、晋衔(级)。有特殊贡献的,可以不受上述时限的限制。

第二百一十六条 军官(文职干部)、士官,当年受本条令规定的记过以上处分的;擅自离开工作岗位累计8日以上的;任职命令公布后,未经组织批准,无正当理由逾期不到职的,其职务(专业技术等级)工资、军衔(文职干部级别)工资、士官军衔级别工资,从翌年1月起,停止定期增资1年。

第二百一十七条 对既有行政职务又有专业技术等级的军官(文职干部)实施降职(级)处分,应当根据其违纪行为的性质、情节和后果,降低其行政职务等级或者专业技术等级。如果其享受的政治、生活待遇未降低,应当再降低其中较高的行政职务等级或者专业技术等级。

第二百一十八条 对既有行政职务又有专业技术等级的军官（文职干部）实施撤职处分，根据其违纪行为的性质、情节和后果，可以同时撤销其担任的行政职务和专业技术职务，也可以只撤销行政职务。如果违纪行为涉及其专业技术水平，或者有其他不适宜继续担任专业技术职务情形的，应当同时撤销其担任的行政职务和专业技术职务。

对既有行政职务又有专业技术等级的军官（文职干部）实施撤职处分，应当按照下列规定明确其政治、生活待遇：

（一）行政职务等级相当或者高于专业技术等级的，以降低行政职务等级为主，如果重新明确的行政职务等级低于原专业技术等级，应当将其专业技术等级降至相应等级；

（二）行政职务等级低于专业技术等级的，以降低专业技术等级为主，如果重新明确的专业技术等级低于原行政职务等级，应当将其行政职务等级降至相应等级。

第二百一十九条 对被除名的义务兵，取消其军衔，原有职务自然撤销，不得享受国家对退出现役军人的优待。

第二百二十条 对被开除军籍的人员，取消其军衔和在服役期间获得的军队奖励、表彰，原有职务、级别自然撤销，不得享受国家对退出现役军人的优待。

第七章 特殊措施

第一节 行政看管

第二百二十一条 行政看管是维护秩序、制止严重违纪行为、预防事故和案件发生或者保护被看管人的措施。

第二百二十二条 对有打架斗殴、聚众闹事、酗酒滋事、持械威胁他人、违抗命令、严重扰乱正常秩序等行为的人员，或者确有迹象表明可能发生逃离部队、自杀、行凶等问题的人员，可以实行行政看管。

第二百二十三条 行政看管的时间，一般不超过7日，需要延长的，应当报上级批准，但累计不得超过15日。被行政看管人员涉嫌犯罪的，应当及时移送保卫部门或者军事检察院处理。

第二百二十四条 实施行政看管的批准权限按照下列规定执行：

（一）营级单位军、政主官批准对义务兵和初级、中级士官实施行政看管；

（二）团级单位军、政主官批准对排级和专业技术十四级军官（办事员级和专业技术十四级文职干部）实施行政看管；

（三）师级单位军、政主官批准对高级士官，连级和专业技术十三、十二级军官（科员级和专业技术十三、十二级文职干部）实施行政看管；

（四）军级单位军、政主官批准对营、团级和专业技术十一、十、九、八、七（中级专业技术职务）级军官（科、处级和专业技术十一、十、九、八级文职干部，中级专业技术职务的专业技术七级文职干部）实施行政看管；

（五）战区军种（相当等级的部队，不含联勤保障部队）

司令员、政治委员，批准对副师职和专业技术七（高级专业技术职务）、六级军官（副局级和高级专业技术职务的专业技术七、六级文职干部）实施行政看管；

（六）战区、军兵种司令员、政治委员批准对正师职和专业技术五、四级军官（正局级和专业技术五、四级文职干部）实施行政看管；

（七）中央军委主席批准对军级以上和专业技术三级以上军官（文职干部）实施行政看管。

战区、军兵种司令员、政治委员以下各级首长按照规定的权限批准实施行政看管，应当同时报上级备案。

第二百二十五条 军事科学院、国防大学的正职首长，执行战区、军兵种司令员、政治委员的行政看管批准权；国防科技大学的正职首长，执行军级单位军、政主官的行政看管批准权。

中央军委办公厅、联合参谋部、政治工作部、后勤保障部、装备发展部、训练管理部、国防动员部、纪律检查委员会、政法委员会、科学技术委员会的正职首长执行战区、军兵种司令员、政治委员的行政看管批准权；中央军委战略规划办公室、改革和编制办公室、国际军事合作办公室、审计署、机关事务管理总局的正职首长执行军级单位军、政主官的行政看管批准权。其他各级机关的正职首长，对直属单位和所属部门的人员，执行下一级部（分）队正职首长的行政看管批准权。

各级副职首长代理正职首长职务时，执行正职首长的行政看管批准权。

解除行政看管的批准权，按照行政看管的批准权限执行。

特殊情况下，上级正职首长可以越级批准或者解除下级实施的行政看管。

第二百二十六条 对从普通中学毕业生和部队士兵中招收的军队院校学员、已办理入伍手续尚未确定军衔级别的直招士官实施行政看管，按照对义务兵行政看管的批准权限执行；对已办理入伍手续尚未确定职务或者专业技术等级的毕业国防生、直接接收到部队工作的普通高等学校毕业生、军队研究生培养单位录取的普通高等学校毕业生，以及尚未确定职务或者专业技术等级的军队院校毕业学员实施行政看管，按照对排级和专业技术十四级军官行政看管的批准权限执行；对军官（文职干部）学员实施行政看管，按照现任职务或者专业技术等级的行政看管批准权限执行。

对既有行政职务又有专业技术等级的军官（文职干部）实施行政看管，按照其中较高的行政职务或者专业技术等级的行政看管批准权限执行。

第二百二十七条 实施行政看管由政治工作部门承办，应当填写《行政看管审批表》（式样见附录五）。

第二百二十八条 对被行政看管人员，应当进行教育，不得虐待、侮辱、打骂体罚，对其问题应当尽快查清，妥善处理，并根据其所犯错误的事实、性质、情节和被行政看管期间的态度，给予适当的处分或者免予处分。

第二百二十九条 对被行政看管人员，通常应当单独看管。行政看管场所室内应当备有床、凳、桌以及有关学习材料，具备一般生活、卫生和安全条件。行政看管期间，执行被行政看管人员相应级别的伙食标准。

第二百三十条　对被行政看管人员，准许其穿着军服，佩带标志服饰，携带寝具、衣物和洗漱用品；生病时，应当安排就医。

第二百三十一条　实施行政看管应当有专人负责。对被行政看管人员必须严格管理，严格要求，防止发生各种事故。接收被行政看管人员，应当填写《行政看管登记表》（式样见附录六）。

被行政看管人员必须服从管理，认真检查错误，遵守有关规定。

第二节　士官留用察看

第二百三十二条　对拒不履行职责、不起骨干作用，经批评教育不改的士官，可以实施留用察看。

第二百三十三条　士官留用察看时间，一般不超过6个月。士官留用察看期间，停止执行原工资标准，改按义务兵最高津贴标准发放津贴。

第二百三十四条　被实施留用察看的士官，留用察看期满仍不改正错误的，给予相应纪律处分。

第二百三十五条　对士官实施留用察看，由具有相应选取批准权限的单位首长审批，政治工作部门承办，并填写《士官留用察看审批表》（式样见附录七）。

第三节 其他措施

第二百三十六条 驻城镇的部队、省军区（卫戍区、警备区）、军分区（警备区）、县（市、区）人民武装部，以及派驻车站、港口、机场的军事代表机构，在本辖区或者所在地区发现其他单位的军人有功绩时，应当主动向其所在单位提出奖励、表彰的建议；发现其他单位的军人违反纪律或者扰乱社会秩序时，应当劝阻和制止，制止无效或者情节严重的，可以暂时予以扣留，及时通知驻地警备工作领导机构或者其所在单位处理。

第二百三十七条 当违反纪律的军人处于神志不清、精神失常、伤病严重或者醉酒状态时，应当先行照管或者治疗，待其神志清醒、脱离危险后，再行处理。

第二百三十八条 发现军人临阵脱逃、投敌叛变以及严重暴力犯罪行为，来不及报告时，应当采取紧急措施予以制止，事后立即报告首长，并对此负责。

第八章 控告和申诉

第二百三十九条 控告和申诉是军人的民主权利，其目的在于充分发挥群众监督作用，保护军人合法权益，维护军队严格的纪律。

第二百四十条 军人对违法违纪者有权提出控告。

军人认为给自己的处分不当或者合法权益受到侵害，可以在处分决定宣布后10日内提出申诉。申诉期间不停止处分的执行。

控告和申诉应当忠于事实。

第二百四十一条 控告和申诉可以按级或者越级提出。越级控告和申诉一般应当以书面形式提出。

军人控告军队以外人员，可以将情况告知纪检监察部门或者保卫部门、军事检察院、军事法院。受理部门应当及时了解情况，必要时予以协助。

第二百四十二条 控告人、申诉人在控告、申诉活动中享有下列权利：

（一）向受理机关提出询问，要求给予答复；

（二）要求与控告、申诉事项有利害关系的承办人员回避；

（三）对受理机关及承办人员的失职行为和其他违纪行为提出检举、控告；

（四）因进行控告、申诉，其合法权利受到威胁或者侵害时，要求受理机关给予保护。

第二百四十三条 控告人、申诉人在控告、申诉活动中应当履行下列义务：

（一）提供被控告者的基本情况、主要问题和相关证据等控告材料；

（二）遵守控告、申诉工作有关规定，维护社会秩序和部队正常工作秩序；

（三）接受组织作出的处理意见。

第二百四十四条 被控告人有申辩的权利，但不得阻碍控告人提出控告,更不得以任何借口打击报复。对打击报复者,应当给予处分。

第二百四十五条 被控告人享有下列权利:

(一)对被控告的问题进行说明解释;

(二)要求将调查处理结论通告本人;

(三)对受理机关及承办人员的失职行为和其他违纪行为提出检举、控告;

(四)当合法权利受到威胁或者侵害时,要求受理机关给予保护。

第二百四十六条 被控告人应当履行下列义务:

(一)配合查清被控告的问题,如实提供证据,接受检查和询问,主动说明问题,不得有隐瞒、诬陷、抗拒等行为;

(二)对所犯错误,必须正确对待,认真检讨,接受处理,不得违反组织决定;

(三)尊重控告人和承办人员的权利和职责。

第二百四十七条 各级首长和机关接到军人的控告和申诉后,必须及时查明情况。对于控告或者申诉属实的,应当依法依规处理;对错告和不合理的申诉,应当说明情况,澄清是非;对于诬告或者无理取闹的,应当予以追究。

对于确属处分错误的,应当及时予以纠正,为其恢复名誉,消除影响,赔礼道歉;造成经济损失的,应当给予相应赔偿。

第二百四十八条 各级首长和机关对控告和申诉的处理期限(自收到之日起),按照下列规定执行:

(一)副师级、团级以下单位不得超过20日;

（二）军级、正师级单位不得超过 30 日；

（三）战区级单位不得超过 45 日。

对重大、复杂问题的调查核实如需超出前款规定的期限，经上级批准，可以适当延长，但累计时间一般不得超过 60 日。

第二百四十九条 各级首长和机关对军人的控告和申诉，应当给予保护，不得扣留或者阻止。对申诉人不得因申诉而加重处分。不得泄露控告人及控告的内容，不得将控告材料转交给被控告人，更不得袒护被控告人。

第二百五十条 对控告和申诉的处理结果，应当及时通知控告或者申诉人，由处理单位填写《控告、申诉登记表》（式样见附录八）并归档。

第九章 首长责任和纪律监察

第二百五十一条 各级首长负有维护纪律的责任。各级正职首长是维护纪律和纪律监察的第一责任人，分管首长负相应领导责任。

各级首长应当以身作则，严于律己，严格遵守和执行纪律；经常对部属进行纪律教育，增强官兵的法治观念；有针对性地进行作风纪律整顿，解决本单位在纪律建设方面存在的突出问题。

各级首长应当对下级实施纪律监察，并自觉接受上级的监察以及下级和群众的监督。对发现违纪行为制止不力或者不予制止的，应当给予批评或者给予处分；对带头违反纪律的，应当从重给予处分。

第二百五十二条　各级首长必须按照本条令规定的条件和权限、程序，正确地实施奖惩，对滥施奖惩或者利用奖惩以权谋私的，应当给予批评，情节严重的给予处分。

第二百五十三条　各级首长应当对下级维护纪律和实施奖惩的情况进行定期检查，及时发现和处理存在的问题。

团级以下单位的首长每半年、副师级以上单位的首长每年应当对维护纪律、实施奖惩的情况进行检查和总结，并向上级报告。

副师级、团级单位首长每年应当向军人代表会议，营级、连级单位首长每半年应当向军人大会，报告维护纪律、实施奖惩的情况，听取官兵的意见，接受群众的监督。

上级首长对下级实施的错误奖惩，一经发现和查实，应当予以纠正和撤销。纠正与撤销的权限和程序，按照实施奖惩的权限和程序办理。

第二百五十四条　各级机关应当按照规定的职能、权限，加强对下级机关、部队的纪律监察和监督。

第二百五十五条　军人代表会议和军人委员会，应当如实反映群众的意见和要求，对首长、机关执行和维护纪律、实施奖惩的情况实行监督。

军人应当正确行使民主监督的权利和义务，勇于批评和揭露不良倾向以及违法乱纪行为。

第二百五十六条　维护纪律和纪律监察，应当建立责任追究、倒查问责制度，建立问题清单、任务清单、责任清单，有错必纠，有责必问。对有令不行、有禁不止、严重失职和出现问题不制止、不查处、不报告的人员和单位，应当区分主体责任、监督责任、领导责任，严肃查处直接责任人、直接领导和相关领导的责任。对实施错误奖惩的首长的责任追究，不受其工作岗位或者职务变动的影响。

第十章　附　则

第二百五十七条　本条令所称"以上""以下""以内"均包含本级、本数。

第二百五十八条　对军队管理的离退休军人、文职人员的奖励、表彰和处分，参照本条令执行。

对非现役公勤人员、职工的奖励、表彰和处分办法，另行规定。

第二百五十九条　勋章、奖章、纪念章、奖状、奖牌、奖旗、立功受奖证书和喜报，由中央军委政治工作部制发或者明确式样。

第二百六十条　本条令适用于中国人民武装警察部队。

第二百六十一条　本条令施行期间，中央军委为推行国防和军队重大改革举措制定的相关规定与本条令不一致的，按照中央军委新的规定执行。

第二百六十二条　本条令自 2018 年 5 月 1 日起施行。2010 年 6 月 3 日中央军事委员会发布的《中国人民解放军纪律条令》同时废止。

附　录（略）